Schwarzwälder süße Minis

Das Dessertbuch

Impressum

Originalausgabe Schwarzwälder süße Minis

ISBN 978-3-00-049725-4

© 2015 – alle Rechte vorbehalten
1. Auflage November 2015

Rezepte und Umsetzung:
Verena Scheidel und Manuel Wassmer

Foodfotos und Buchgestaltung:
cook & shoot GbR, 77815 Bühl
Verena Scheidel und Manuel Wassmer

Verlag:
cook & shoot GbR, 77815 Bühl
www.cookandshoot.de

Druck und Buchbindung:
Dinner Druck GmbH, 77963 Schwanau
Josef Spinner Großbuchbinderei GmbH, 77833 Ottersweier

Pressekontakt:
schweizeragentur, 77855 Achern

www.schwarzwaelder-minis.de
www.Facebook.com/Schwarzwaelder.Tapas

Wo liegt unser Schwarzwald ?

Hinweis:

Alle Rechte vorbehalten. Nachdruck, auch auszugsweise, sowie Verbreitung durch Film, Funk, Fernseh und Internet, durch fotomechanische Wiedergabe, Tonträger und Datenverarbeitungssysteme jeder Art nur mit schriftlicher Genehmigung des Verlages und der Autoren.

Die gewerbliche, kommerzielle Nutzung der Rezepte, auch teilweise, nur mit schriftlicher Genehmigung des Verlages und der Autoren.

Die in diesem Buch wiedergegebenen Informationen sind nach bestem Wissen und Gewissen dargestellt und wurden mit größtmöglicher Sorgfalt geprüft. Autoren und Verlag übernehmen jedoch keinerlei Haftung für Schäden oder Folgen, die sich aus dem Gebrauch oder Missbrauch der hier vorgestellten Informationen ergeben.

Vorwort

Der große Erfolg unseres ersten Kochbuches „Schwarzwälder Tapas" hat unsere Erwartungen völlig übertroffen. Innerhalb weniger Wochen nach Erscheinung im November 2014 war die erste Auflage ausverkauft. Nach einer kurzen Ruhepause haben wir uns jetzt an ein zweites spannendes Thema gewagt: Wie schmeckt der „süße Schwarzwald"?

Ein Jahr haben wir an diesen süßen Leckereien gefeilt. Unsere verwegene Vision war, die Schwarzwälder Dessert- und Süßspeisenküche auf den Kopf zu stellen, jedoch ohne mit alten Traditionen zu brechen. Über 130 Rezepte sind dabei entstanden und warten darauf von Ihnen entdeckt zu werden.

Regionale Zutaten stehen im Mittelpunkt unserer Ideen, denn unsere Heimat schenkt uns eine unendliche Vielfalt an Früchten und edlen Zutaten. Auf Lebensmittelfarbe und Fertigprodukte haben wir weitgehendst verzichtet und uns auf alte Werte besonnen.

Durch das erste Kochbuch „Schwarzwälder Tapas" begleitete uns die Kultfigur „Schwarzwaldmarie". Für unser zweites Buch „Schwarzwälder süße Minis" haben wir einen weiteren Star unserer Heimat, den „Schwarzwälder Kuckuck" engagiert. Keiner ist so verlässlich und pünktlich wie er, wenn er zur vollen Stund keck aus seinem Häuschen schaut und sein Kuckuck, Kuckuck hinaus posaunt.

Viel Liebe und Herzblut haben wir in die kommenden 248 Seiten gesteckt. Freuen Sie sich nun auf eine ganz besondere Entdeckungsreise in das Reich des Schwarzwaldes und seiner verführerischen Köstlichkeiten.

Wir wünschen Ihnen viel Freude dabei.

Ihre Autoren

Verena Scheidel und Manuel Wassmer

Schnapsbrunnen

Auf einigen Häusern und Höfen im Schwarzwald haben die Bewohner oft das sogenannte „Brennrecht", die Lizenz Schnaps zu brennen und anzubieten. Die Brenner verstehen ihr Handwerk wie kein anderes. Nach alter Tradition bereiten sie in großen Brennkesseln ein schmackhaftes Destillat zu – gewonnen aus den meist selbstgeernteten Früchten ihrer Gärten. Das Schwarzwälder Kirschwasser ist nur eines, aber wohl das bekannteste der Region. In manchen Ortschaften werden Schnapswanderungen angeboten, bei denen man bei einem schönen Fußmarsch die reizvolle Landschaft genießen und an „Schnapsbrunnen" die hochprozentigen Wässerchen probieren kann.

Die Bühler Frühzwetschge

Im beschaulichen Städtchen Bühl, dem geliebten Heimatort der beiden Autoren, ist sie vor vielen Jahren entdeckt worden: Eine besonders früh reifende Zwetschgensorte. Seitdem wird sie hier angebaut und ist zum Stolz des badischen Städtchens geworden. Das jährlich stattfindende bekannte Zwetschgenfest im September lockt tausende von Besuchern an. Auch die Wahl der Bühler Zwetschgenkönigin ist ein besonderes Highlight für die Stadt.

Unser süßer Schwarzwald

Reich an leckeren Zutaten und fantastischen Desserts

Eine weit über die Grenzen unseres schönen Landstriches bekannte süße Spezialität ist die „Schwarzwälder Kirschtorte": dunkler Biskuit, getränkt mit Kirschwasser, süße Sahne, gekrönt mit knackigen Sauerkirschen und dekorativen Schokoladenraspel. Auf's Kalorienzählen sollte man dabei ausnahmsweise verzichten. Denn gibt es Schöneres, als diese edle Verführung des Schwarzwaldes mit allen Sinnen zu genießen?

Auch in der Sterne-Gastronomie, mit der wir im Schwarzwald reich beschenkt sind, kommt die „Schwarzwälder", wie sie häufig schlicht genannt wird, gerne als kulinarische Neuinterpretation auf den Teller. Grenzenlose Fantasie paart sich mit alter Tradition. Bei uns gibt es den feinen Gaumenschnalzer im Miniformat auf Seite 120, damit noch viel Platz bleibt für weitere kleine Köstlichkeiten des Schwarzwaldes, die wir Ihnen hier in diesem Buch vorstellen.

Geografisch gesehen liegen wir am südwestlichsten Ende Deutschlands. Auf einer Größe von über 6000 km² wachsen auf großen Flächen, die von der Sonne verwöhnt sind, unzählige zuckersüße Früchte heran. Sie zählen zu einem Hauptbestandteil der heimischen Desserts- und Süßspeisenküche. Kirschen, Mirabellen, Zwetschgen, Äpfel und Weintrauben, um nur einige der Früchte zu nennen, werden zum Teil auch zu edlen Schnäpsen, Likören und unserem bekannten Wein veredelt. Sie hauchen so mancher Süßspeise den besonderen Geist ein. Auch Nüsse und Kastanien, Beeren oder Waldhonig bereichern unseren Warenkorb.

Saisonalität spielt im Schwarzwald eine große Rolle – Mutter Natur deckt dafür reichhaltig den Tisch. Die Früchte werden oft nur wenige Stunden nach der Ernte vom Bauern selbst auf Wochenmärkten, dem eigenen Hofladen oder direkt am Feld angeboten. Ein Tipp, was man Leckeres daraus zubereiten kann oder wie man sie am besten genießt, gibt es bei einem netten Plausch oft gratis dazu.

es klappert die Mühle am rauschenden Bach

Malerische Mühlen

Entlang rauschender Bäche schmücken sie die Landschaft wie Denkmäler eines fast vergessenen Berufes. Einst wurde hier Weizen, Roggen und Dinkel allein mit der Kraft des Wassers zu blütenreinem Mehl gemahlen. Damals wie heute ist es Rohstoff für unzählige leckere Kuchen und Desserts und auch bei der Zubereitung unserer „Minis" nicht wegzudenken.

Unser schöner Schwarzwald

Zauberhafte Landschaften und liebenswerte Menschen

Weiß wird es bei uns nicht nur im Winter. Gerade zur Kirschblüte färben die Blüten von Sauer- oder Süßkirschen ganze Landstriche der Rheinebene in ein weißes duftendes Blütenmeer. Der Schwarzwald gehört zu den größten Kirschanbaugebieten Deutschlands. Selbst die Kirsche einer bekannten Likörpraline wird im Schwarzwald angebaut.

Unsere traditionelle Dessertküche ist von den Nachbarn Frankreich, Schweiz und früher einmal sogar von Österreich beeinflusst. Für ihre süßen Gaumenfreuden ebenfalls bekannt, haben sie bei uns ihre Spuren hinterlassen. Einige Mehlspeisen finden dort zum Teil ihren Ursprung und kommen bei uns im Schwarzwald in neuer Form auf den Teller.

Alte Gerichte aus unserer Heimat, wie z.B. Badische Kratzete (Seite 56) und Schwäbische Pfitzauf (Seite 196) werden in unserem Dessertbuch „aufgespießt" serviert.

Unser Schwarzwald beheimatet die Badener und die Schwaben. Neben der geschichtlichen Rivalität, die heute noch zu manch nett gemeinten „Stupfeleien" untereinander führt oder den einen oder anderen Badener- und Schwabenwitz geprägt haben, bringen sie – kulinarisch gesehen – viele Einflüsse zusammen. Zu den alten Witzen gibt es ein schönes Rezept „Badisch/Schwäbische Scherzkekse" auf Seite 176.

Tradition spielt im Schwarzwald eine sehr große Rolle, was sich auch im Handwerk widerspiegelt. Die original Schwarzwälder Kuckucksuhr wird hier seit Generationen gefertigt und ist zu einem Wahrzeichen der Region geworden. Sie erfreut sich im traditionellen oder modernen Stil weltweiter Beliebtheit.

War es im ersten Buch die „Schwarzwaldmarie", die durch das Buch führte, haben wir für unser zweites Buch den kleinen Kuckuck engagiert, der charmant und witzig mit wertvollen Tipps und Tricks durch das Buch führt.

Unser verführerischer Schwarzwald
zwischen Tradition und Kreativität

Auf vielen Bauernhöfen findet man noch glückliche Tiere. Hühner, die unbeschwert in den Tag hineinleben und dafür täglich ein Ei oder sogar zwei legen. Milchkühe, die eigene Namen tragen und auf deren Speiseplan noch Gras, Klee und Wildkräuter der umliegenden Wiesen stehen. Unterschiede, die man in Eiern, Milch, Sahne, Quark und Frischkäse, der oft am eigenen Hof produziert wird, heraus schmeckt. Herrliche Grundprodukte für viele schmackhafte süße Leckereien!

Denn süß geht es her im Schwarzwald und die vielen verlockenden Köstlichkeiten sind wie der Schwarzwald selbst:
Feine mit Puderzucker bestäubte Mehlspeisen gleichen den im Winter verschneiten Berggipfeln unserer Wälder. Schmackhafte Kuchen und Torten machen süchtig, so wie die Schönheit unserer Landschaft süchtig macht. Fluffige Soufflés und luftige Schäume erinnern an die Leichtigkeit eines Urlaubstages in unserer Heimat und zuckersüße Fruchtspeisen sind so verführerisch wie die Schwarzwaldmädchen, die sie zubereiten.
Eines haben alle gemeinsam – sie sind und bleiben eine Sünde wert.

Gerne nehmen wir Sie mit auf unsere süße, kulinarische und spannende Reise durch unser Dessertbuch und den Schwarzwald.

Zünden Sie mit uns das kulinarische Geschmacksfeuerwerk der „süßen Minis".

Vom Hofladen bis zum Eierautomaten

Neben Wochenmärkten verkaufen viele Erzeuger ihre Produkte auch in eigenen Hofläden. Für viele Kunden sind die Selbstbedienungshofläden, bei denen man das Geld vertrauensvoll in ein kleines Kästchen werfen kann, eine wunderbare Erfindung. Auch die Idee, Eierautomaten aufzustellen, aus denen man sich legefrische Eier gegen Münzgeld ziehen kann, finden immer mehr Liebhaber.

Milch, Eier, Obst & mehr gibt der Schwarzwald her...

Verena Scheidel & Manuel Wassmer

Hobbyköche aus Leidenschaft

Verena Scheidel und Manuel Wassmer, beide im echten Leben ein Paar, teilen eine große Leidenschaft: „Das Kochen". Ihre Freizeit verbringen sie am Herd. Sie lieben das Experiment und probieren die verrücktesten Kreationen aus. Beim Kochen sind sie ein eingespieltes Team, was sie bereits bei vielen Kochwettbewerben im In- und Ausland unter Beweis stellen konnten.
Beide sind gebürtige Schwarzwälder und sehr heimatverbunden. Auch wenn sie kulinarisch in der ganzen Welt unterwegs sind, besinnen sie sich immer wieder gerne auf ihre Wurzeln und ihre Heimat zurück.

Hauptberuflich ist Manuel Wassmer selbständiger Leuchtendesigner in Bühl.
Verena Scheidel ist Technische Zeichnerin bei einem Automobilzulieferer im Schwarzwald.

Die Food-Fotografie ist Verenas zweites Steckenpferd. Stilsicher und professionell setzt sie mit passenden Accessoires die Gerichte in Szene. Jedes Foto fasziniert durch seinen ganz eigenen magischen Zauber, reizt das Auge und den Gaumen gleichermaßen und macht Lust, die Rezepte auszuprobieren.

2012 qualifizierten sich Verena und Manuel beim bekannten Kochwettbewerb, dem Cooking Cup und entschieden in der traumhaften Kulisse der Karibikinsel Barbados mit ihrem Menü, das sie auf den klangvollen Namen „Die rote Sonne von Barbados" tauften, den Wettbewerb für sich.

Sie wurden zu den besten Hobbyköchen Deutschlands 2012 gekürt.

2013 wurde Manuel von einem Fernsehsender für die Sendung „Das perfekte Dinner - Wer ist der Profi" ausgewählt. Mit seinem Menü „Verführung in Blau", das er zu Ehren seiner Heimatstadt Bühl kreierte, errang er den Sieg. Die Nachspeise aus diesem Menü finden Sie als Abwandlung auf Seite 74.

2014 die nächste Erfolgsstory: Verena und Manuel lieferten die Rezepte für ihr erstes Kochbuch „Schwarzwälder Tapas" und landeten damit einen grandiosen Erfolg weit über die Grenzen des Schwarzwaldes hinaus. Innerhalb weniger Wochen wurde ihnen die erste Auflage regelrecht aus den Händen gerissen. Inzwischen wurde das Kochbuch mehrfach aufgelegt.

2015 qualifizierten sie sich zum zweiten Mal für den Cooking Cup. Im Finale in Andalusien gewannen sie mit ihrem Menü „Tapas Andalucia" und erhielten erneut den Titel „Beste Hobbyköche Deutschlands".

Dieses 2015 entstandene Buch „Schwarzwälder süße Minis", das in Kreativität, Charme und witzigen Pointen dem ersten Buch in nichts nachsteht, ist eine Hommage an die süßen Versuchungen des Schwarzwaldes. Das Buch wurde mit viel Leidenschaft und Liebe geschrieben, die Handschrift der beiden Hobbyköche ist in jedem der Rezepte und den wunderschönen Fotos wiederzufinden.

INHALT

einfach · anspruchsvoll · schlanke Linie · Hits für Kids · vegan

Geeiste Zwetschgensuppe mit Quarkmousse auf Zitronenpolenta	26
Blaubeer-Waffelschnitte & Blaubeerküchlein	28
Gerdas Schoko-Himbeerkekse	30
Holunderküchle im Bierteig auf Erdbeereis und Spargelcreme	32
Süße Flammkuchen-Minis	34
Geeister Christstollen mit Rumtopf	36
Kalter Hund mit selbstgemachtem Butterkeks	38
Schwarzwälder Kirsch-Macarons	40
Scherbenhaufen	42
Fred mit dem Erdbeermund	44
Dampfnudeln mit Weincremefüllung	46
Waldmeister-Sorbet auf Erdbeerpüree	48
Adam's Apfeltraum mit Graupen	50
Schwarzwälder Küsse	52
Apfel- und Kirschtäschle	54
Schwäbische Kratzete-Spieße auf Stachel-Johannisbeerkompott	56
Rhabarber-Baiser-Muffins	58
Black Forest-Schokoriegel	60

	einfach	anspruchsvoll	schlanke Linie	Hits für Kids	vegan	Seite
Pfirsich-Brombeer-Creme mit Schokostreusel im Nudelnest und Kirschespuma-Nudeln		●	●			62
Grünkernkuchen im Blumentopf		●	○	○		64
Apfelküchle mit Calvadossoße		●	○	○		66
„Black Forest" Schokomuffins mit Schuss		●		○		68
Bienenstich am Stiel		●		○		70
Rehrücken Baden-Baden		●				72
Bühler Zwetschgenknödel		●		○	○	74
Schwarzbierschnittchen mit Bierschaum-Mousse		●				76
Süßes Vesper		●		○		78
Geschichtetes Hefeküchlein		●				80
Schwäbisch-Badisches Schneckenrennen		●	○	●		82
Süße schwäbische Maultaschen mit Rahmkäsefüllung und Beerengrütze		●	●			84
Stachelbeer-Biskuitterrine		●	●			86
Linzer-Röschen	●		●		●	88
Johannisbeer-Mohntörtchen	●		○			90
Donauwellen-Pralinen und Cake Pops von der Donau	●					92
Schwarzwälder Schoko-Zäpfle		●	○	●		94
Leichte Spargel-Panna Cotta mit Erdbeer-Ragout		●	●	○		96

● trifft zu   ○ trifft auf einzelne Komponten zu, bzw. ist leicht abwandelbar

INHALT

einfach · anspruchsvoll · schlanke Linie · Hits für Kids · vegan

Schoko-Eiscreme-Schnitte	98
Süße Bubenspitzle mit Mohn und Birnen-Ragout	100
Schneeballschlacht	102
Vanilleeis im Schlafrock mit Schokoladensoße	104
Betrunkener Kirsch-Michel	106
Wibele und Waldgeister	108
Süße schwäbische Käsespätzle mit Erdbeersoße	110
Kürbis-Karotten-Schnitten und Cupcakes mit Ingwer	112
Zwetschgendatschi und Aprikosenknödel	114
Beschwipste Birne im Biskuitbett	116
Hefe-Nougat-Mäuse und Käsewürfelchen	118
Schwarzwälder Kirschtorte	120
Bratapfeltraum	122
Armer Schwarzwaldbauer mit Vanillesoße	124
Millefeuille vom Milchreisflädele mit flambierten Erdbeeren	126
Süßer Beerenburger	128
Nussschnitte	130
Weißes Kaffeeeis mit Schokostückchen	132

	einfach	anspruchsvoll	schlanke Linie	Hits für Kids	vegan	
Doppelte Herzen	🟢			⚫		134
Käse- und Wein-Küchlein		🟢	⚫			136
Schnapsgläschen-Eis am Stil	🟢		🟢	🟢		138
Das Kuckucks-Ei		🟢	⚫	⚫		140
Milchreis mit Kürbismarmelade		🟢	⚫	🟢	🟢	142
Kastanien-Walnuss-Mousse auf Baumblättern		🟢				144
Arme Rittertürmchen		🟢	⚫	🟢		146
Kalte Bühler Zwetschgenlasagne		🟢	🟢			148
Kühles Pralinenquintett		🟢				150
Eierlikör-Crème brûlée mit heißen Himbeeren		🟢				152
Maulwurfshügelchen	🟢			🟢		154
Rotweinkuchen - Weißweinkuchen zusammen = beschwipster Marmorkuchen	🟢		⚫			156
Mini-Weihnachtsbaum	🟢		⚫	⚫		158
Scheiterhaufen mit Baiserhäubchen und Honig-Ingwersoße		🟢		⚫		160
Mirabellen-Schokotartelettes	🟢					162
Holunder-Zitronentörtchen		🟢	🟢			164
Ein Tag auf dem Jahrmarkt		🟢		🟢	⚫	166
Black Forest Cake - to go		🟢		⚫		168

● trifft zu   ● trifft auf einzelne Komponten zu, bzw. ist leicht abwandelbar

INHALT

einfach · anspruchsvoll · schlanke Linie · Hits für Kids · vegan

Quarksoufflé mit Bühler Zwetschge	●	●			170
Erdbeer-Biskuitröllchen	●		●	●	172
Ü-Ei für Erwachsene	●			●	174
Badisch/Schwäbische Scherzkekse	●		●	●	176
Müsliriegel – Apfel/Kirsch	●		●	●	●	178
Buttermilchmousse und Gewürz-Rhabarber	●		●		180
Grießflammerie mit karamellisierten Pfirsichen	●		●		182
Ortenauer Weinstrudel und Burgundercreme	●	●			184
Crème Caramel mit Malzbier	●			●	186
Schwarzwälder Kirschlollis			●		188
Lebkuchenparfait auf süßem Orangen-Blaukraut		●		●	190
Baumkuchen gerollt und geschichtet		●		●	192
Kuckuckskuchen im Glas		●		●	194
Pfitzauf-Fruchtspieße		●		●	196
Waldbeeren-Gratin und Pfifferling-Pfirsich-Gratin		●	●		198
Schwäbisches Nonnenfürzle trifft Schwarzwälder Windbeutel		●		●	200
Lammrücken mit Nusskruste und beschwipste Häschen		●		●	202
Walnuss-Kirschwasser-Cantuccini		●			204

	einfach	anspruchsvoll	schlanke Linie	Hits für Kids	vegan	
Kirsch-Karamell-Dessert	●					206
Badische Quarkbällchen-Schneemänner	●	●	⬤	●		208
Kirschmousse mit süßen Strübli und Sahne	●					210
Zwetschgen-Ufos	●		●	●		212
Kirschpraline		●	●			214
Obstsalat mit Schwarzwälder Gin und Gurke	●		●	●	●	216
Süße Butterbrezel		●		⬤		218
Flädele-Torte mit Johannisbeeren und Baiserhaube	●		⬤			220
Rhabarber-Erdbeer-Terrine	●		●			222
Flädele mit Schoko-Nusscremefüllung	●			●	⬤	224
Mini-Berliner	●			●		226
Schwarzwälder Kirsch-Tiramisu	●					228
Süßer badischer Zwiebelkuchen	●					230
Quitten-Creme-Küchlein und Quittengelee					⬤	232
Kuckuckshäuschen	●			●		234

● trifft zu   ⬤ trifft auf einzelne Komponten zu, bzw. ist leicht abwandelbar

Wichtige Informationen bevor Sie starten:

Der Mond
zeigt Gerichte, die eine Vorbereitungszeit von einer Nacht oder länger bedürfen.

KUCK ins WEB
Für einige Rezepte haben wir im Internet Schablonen oder besondere Anleitungen, die Ihnen das Arbeiten noch leichter machen sollen, zum Download bereitgestellt. Sie sollen zusätzliche Hilfestellung geben, sind aber für die Zubereitung nicht zwingend erforderlich. Sie finden dort auch lustige Dekorationsideen zum Ausdrucken und Ausschneiden für Ihre Minis oder eine Einladungskarte für Ihre Gäste und vieles mehr: **www.schwarzwaelder-minis.de**

Saisonkalender
Das Zifferblatt in unserer Kuckucksuhr zeigt Ihnen die Monate, in denen eine Hauptzutat des Gerichtes aus heimischem Anbau zu bekommen ist. Die jeweilige Zutat finden Sie unter dem linken Zapfen.

Mengenangaben
Da es sich bei den Minis in unserem Buch um kleine Gerichte handelt, die Sie zum Teil in ganz unterschiedlichen Größen zubereiten können, sind die Mengenangaben nur als Richtwerte zu sehen.

`ca. 15-25 Stück`

Längere Wartezeiten
Die Sanduhr zeigt an, wenn Minis längere Wartezeiten >2 Stunden bedürfen, wenn z.B. Gelatine stocken muß oder Gerichte im Kühlschrank durchkühlen müssen.

Backofentemperaturen
Die Angaben beziehen sich auf die Temperaturen eines Heißluftbackofens. Wer mit Unter- oder Oberhitze arbeitet, erhöht unsere Temperaturangabe um ca. 15 bis 20 Grad. Um konstante Ergebnisse zu erhalten, sollten Sie Ihren Backofen immer vorheizen.

Food-Fotografie
Beim Fotografieren arbeiten wir ohne Netz und doppelten Boden. Das heißt, alle Mini-Gerichte, die auf den Teller und ins Blitzlicht von Verenas Kamera kamen, konnten danach auch noch verzehrt werden. Unsere Minis wurden weder mit Farbstoffen, noch mit Glanzsprays o.ä. präpariert.

Was uns noch wichtig ist
Wir haben bei unseren Rezepten auf Lebensmittelfarben und künstliche Aromen bewußt verzichtet.
Auch Fertigprodukte haben wir weitgehendst vermieden und Grundrezepturen dafür in die Rezepte eingebaut. Selbstverständlich können Sie aus Zeitgründen Pudding, Kekse, usw. trotzdem fertig verwenden.

Schwarzwälder süße Minis

Die Rezepte

Eine Suppe kühl und süß

Geeiste Zwetschgensuppe mit Quarkmousse auf Zitronenpolenta

ca. 8-10 Gläser

Geeiste Zwetschgensuppe

1kg Zwetschgen	halbieren und entsteinen. Zusammen mit
300g Zucker	
1 TL Zimt	
8cl Zwetschgenwasser	
500ml Spätburgunder	und dem Mark einer
1 Vanilleschote	in einen Topf geben und mindestens 30 Minuten köcheln lassen. Die Suppe im Topf pürieren.
2 TL Speisestärke	mit
4 EL Wasser	glatt rühren und mit der Suppe einmal kurz aufkochen lassen. Im Kühlschrank eine Stunde durchkühlen lassen.

Zitronenpolenta

100g Maisgrieß	in einer Schüssel mit
100g Zucker	und
2 EL Vanillezucker	mischen.
500ml Milch	zusammen mit
100g Butter	und dem Saft und Abrieb einer
1 Bio-Zitrone	in einem Topf erwärmen. Die Grießmischung einrieseln lassen und auf schwacher Hitze ca. 20 Minuten quellen lassen. Von der Hitze nehmen.
3 Eiweiß	steif schlagen und unter die warme, nicht zu heiße Polenta heben.

Die Polenta als Schicht in kleine Mini-Gläschen geben und erkalten lassen.
Die Zwetschgensuppe einfüllen und eine Nocke Quarkmousse darauf geben.

Quarkmousse

125g Quark	in eine Schüssel geben. Mit
25g Zucker	
1 EL Vanillezucker	und Abrieb einer
1 Bio-Zitrone	vermischen.
1 Eiweiß	in einer Metallschüssel über einem warmen Wasserbad schaumig aufschlagen.
100ml Sahne	mit
1 EL Zucker	steif schlagen. Sahne und Eischnee vorsichtig unter die Quarkmasse heben. Ein Sieb in eine Schüssel hängen und mit einem Küchentuch auslegen. Die Quarkmasse einfüllen, abgedeckt mindestens eine Stunde in den Kühlschrank stellen und abtropfen lassen.

Kuckucks Tipp: Für die Zwetschgensuppe empfiehlt es sich, sehr reife und süße Früchte zu verwenden. Die Suppe abschmecken und eventuell je nach Süße der Früchte die Zuckermenge anpassen.

Heute machen wir „Blau"

Blaubeer-Waffelschnitte & Blaubeerküchlein

KUCK ins WEB

7-9
Blaubeere

Waffelteig (Grundrezept) — ca. 10 Waffeln

300g Zucker	zusammen mit zimmerwarmer
300g Butter	in einer Schüssel schaumig rühren. Nach und nach
6 Eier	zugeben und unterrühren.
300g Mehl	
200g Speisestärke	
1 EL Vanillezucker	und Abrieb einer
1 Bio-Zitrone	zugeben und kräftig verrühren. Etwa
150ml Mineralwasser	langsam zugeben, bis der Teig eine dickflüssige Konsistenz bekommt.

Eventuell einen Teil des Teiges für die Blaubeerküchlein abnehmen.
Den Teig in einem Waffeleisen ausbacken, dazu jeweils 2-3 EL Teig in ein ausgefettetes Waffeleisen geben und diesen knusprig ausbacken.
Damit sie knusprig bleiben, zum Auskühlen nebeneinander auf ein Kuchengitter legen.

Blaubeer-Waffelschnitte — ca. 10-15 Stück

100g Blaubeeren	mit
50g Zucker	in einem Mixer pürieren und
100g Quark	unterrühren.
200g Sahne	mit
1 Pck. Sahnesteif	steif schlagen und vorsichtig unter die Masse heben. Die Masse in einen Spritzbeutel füllen und jeweils eine kleine Menge zwischen zwei Waffelstücke geben.
	Die fertigen Waffelschnitten mit
Puderzucker	bestreuen.

Blaubeerküchlein — ca. 10 Stück

	einen Teil der Waffelteigmasse von oben mit einigen frischen
Blaubeeren	mischen und in gefettete Mini-Backformen geben.

Im Ofen bei 170 Grad ca. 20-25 Minuten backen.
Auskühlen lassen und aus der Form nehmen.

	Die fertigen Küchlein mit
Puderzucker	bestreuen.

Kuckucks Tipp: Die Waffelschnitten können alternativ auch mit einer Mischung aus Blaubeeren und Vanillepudding von Seite 154 gefüllt werden.

Die alte Gebäckpresse aus dem Keller geholt

Gerdas Schoko-Himbeerkekse

ca. 20 Stück

Schokokekse

125g Butter	(zimmerwarm) mit
125g Zucker	schaumig rühren
1 Ei	unterschlagen.
230g Mehl	und
40g Kakao	zugeben und alles zu einem Teig verarbeiten. Den Teig zu einer Rolle formen und in eine Gebäckpresse geben. (Wer keine Gebäckpresse hat, kann den Teig auch ausrollen und ausstechen. Hierfür eventuell etwas mehr Mehl einarbeiten, damit der Teig fester wird).

Für die Himbeerfüllung:

300g Himbeeren	
1 EL Vanillezucker	und
3 EL Zucker	in einem Mixer pürieren.
6 Blatt Gelatine	5 Minuten in kaltem Wasser einweichen, ausdrücken und in einem Topf bei schwacher Hitze schmelzen. 3 EL vom Himbeerpüree in die Gelatine rühren. Die Gelatine unter das restliche Himbeerpüree rühren.
200ml Sahne	steif schlagen und sobald die Gelatine beginnt zu gelieren, die Sahne vorsichtig unterheben. Die Masse im Kühlschrank eine Stunde kalt stellen.

Die Himbeermasse dann in einen Spritzbeutel füllen und jeweils einen Klecks auf einen der Schokokekse geben und einen zweiten Keks darauf legen.

weiße Kuvertüre	in einer Metallschüssel über einem warmen Wasserbad schmelzen. Jeweils ein Klecks der Schokolade auf die gefüllten Kekse geben und eine
Himbeeren	darauf legen.

Kuckucks Tipp: Eine Gebäckpresse findet man im Haushaltswarenladen, oder vielleicht noch bei Oma im Keller, zum Beispiel bei Oma Gerda.

Nur kurze Zeit zu haben

Holunderküchle im Bierteig auf Erdbeereis und Spargelcreme

ca. 10 Becher

6-7

Holunderblüte

Holunderküchle

Holunderblütendolden	waschen und trockenschütteln.
100g Mehl	in eine Schüssel geben und mit
125ml Bier	und
125ml Milch	zu einem glatten Teig verrühren.
2 Eigelb	
1 EL Öl	
2 EL Zucker	sowie Abrieb einer
½ Bio-Zitrone	und eine
Prise Salz	unterrühren. Den Teig 30 Minuten ruhen lassen.
2 Eiweiß	steif schlagen und den Eischnee vorsichtig unter den Teig heben. Die Holunderblütendolden in den Teig tunken und den überschüssigen Teig wieder gut abschütteln (Die Blüten sollen nur dünn mit Teig überzogen sein). Die Blüten in heißem
Frittierfett	2-3 Minuten ausbacken und auf Küchenkrepp abtropfen lassen. Mit etwas
Puderzucker	bestreuen und Stücke davon auf dem Erdbeereis anrichten.

Erdbeereis

200ml Milch	mit
200ml Sahne	und
1 EL Vanillezucker	in einem Topf erwärmen. Für die Eismasse:
4 Eigelb	in eine Metallschüssel oder Schlagkessel geben und zusammen mit
80g Zucker	und einem Schuss Milch mit dem Schneebesen über einem Wasserbad aufschlagen. Nach und nach die warme Milch zugeben und alles unterrühren. Solange über dem Wasserbad erhitzen bis eine cremige Konsistenz entsteht. Die Masse in der Schüssel über Eiswasser runterkühlen.
500g Erdbeeren	und
10 Blätter Minze	in einem Mixer fein pürieren und unter die Eismasse rühren. Die Eismasse tiefgefrieren und jede halbe Stunde mit einem Löffel kräftig durchrühren oder in eine Eismaschine geben. Wenn die Eismasse begonnen hat fest zu werden, diese in einen Spritzbeutel füllen und in Eisbecher spritzen. Nochmals kurz nachgefrieren und mit Spargelsoße und den Holunderküchle anrichten.

Spargelcreme

1 Stange Spargel	schälen, in Stücke schneiden und in einem Topf mit Wasser weich kochen.
1 EL Butter	und
1 EL Zucker	in einen Topf geben und rühren bis der Zucker schmilzt. Den Spargel hinzugeben, kurz darin anschwitzen und mit
150ml Sahne	ablöschen. Die Sahne etwas einreduzieren lassen.
75g weiße Schokolade	zugeben und darin schmelzen. Die Creme kurz mit einem Pürierstab aufmixen und abkühlen lassen.

Kuckucks Tipp: Die Holunderblütendolden am Stiel festhalten und in den Teig tunken. Dann den Stiel zwischen den Fingern kräftig hin und herdrehen, sodass der überschüssige Teig abtropft. Die Dolden immer einzeln ins Fett geben.

Flambierte Küchlein

Süße Flammkuchen-Minis

ca. 20-30 Stück

	Für den Teig:
300g Mehl	in eine Schüssel geben,
1 TL Salz	
3 EL Sonnenblumenöl	zugeben und mit
180ml Wasser	zu einem festen Teig verarbeiten. Den Teig 30 Minuten ruhen lassen.

Den Teig auf einer bemehlten Arbeitsfläche sehr dünn ausrollen. Mit einem Glas oder Ausstecher ca. 8-10 cm große Kreise ausstechen und auf ein mit Backpapier ausgelegtes Backblech legen.

250g Quark	mit
200g Schmand	und
50g Zucker	vermischen. Die Teigkreise dünn mit der Masse bestreichen.
Apfel	oder
Birne	waschen und in hauchdünne Scheiben schneiden. Die Teigkreise damit belegen. In einen Topf
2-3 EL Waldhonig	geben und bei niedriger Hitze schmelzen.
½ Tasse Walnüsse	hacken und zum Honig geben. Die Nüsse kurz durchrühren und jeweils einen Klecks auf die Apfel- oder Birnenscheiben geben. Die Flammkuchen mit etwas
Zimt	bestreuen und im Backofen bei 230 Grad knusprig backen.
	Die Flammkuchen aus dem Ofen nehmen und mit etwas
Calvados	oder Williams Christ flambieren und heiß genießen.

 Für die Flammkuchen den Backofen inklusive einem Backblech mindestens 15 Minuten vorheizen. Die Flammkuchen-Minis dann direkt auf das heiße Blech schieben. Perfekt ist auch ein Pizzastein.

Im Sommer schon an Weihnachten denken!

Geeister Christstollen mit Rumtopf

Rumtopf

Der Rumtopf wird bereits im Sommer angesetzt, so kann man ihn im Winter genießen. Dazu einen original Rumtopf oder große Schraubgläser verwenden. Beides sollte vorher sehr gut gesäubert werden. Auch das Obst, das in den Topf kommt, sehr gut waschen und wieder trocknen lassen.
Den Rumtopf abgedeckt und kühl lagern.

Los geht es im Juni:

500g Erdbeeren	(sie sollten gut gewaschen und getrocknet sein) mit
250g Zucker	in einer Schüssel gut vermischen und 30 Minuten ziehen lassen. In den Rumtopf einschichten und deckend mit
Rum 54%	begießen. Deckel gut verschließen. Weitere Früchte wie entsteinte
Kirschen	
Zwetschgen	
Mirabellen	
Weintrauben	
Aprikosen	und in große Würfel geschnittene
Birnen	werden nach Saison und Verfügbarkeit über den Sommer hinweg mit Zucker 30 Minuten eingelegt (Früchte:Zucker = 2:1) und dann in den Rumtopf eingeschichtet. Immer wieder
Rum 54%ig	nachgießen, damit die Früchte bedeckt sind. Kurz vor Weihnachten ist er dann fertig und kann zu vielen weihnachtlichen Desserts und Minis genossen werden.

Geeister Christstollen

60g Rosinen	in etwas
Rum	einlegen und über Nacht ziehen lassen.
100g Zucker	in einem Topf zum Karamellisieren bringen. Mit
200ml Milch	aufgießen, Mark und Schote einer
1 Vanilleschote	und
2 EL Waldhonig	hinzugeben. Erwärmen, bis der Karamell wieder geschmolzen ist.
5 Eigelb	mit
2 EL Milch	in einem Schlagkessel über einem heißen Wasserbad schaumig schlagen. Die Milch-karamellmischung langsam zugeben und so lange weiterschlagen bis die Masse cremig wird. Die Masse in der Schüssel über Eiswasser kalt schlagen.
1 TL Lebkuchengewürz	(fertig oder nach Rezept auf Seite 234)
40g Orangeat	
40g Zitronat	
40g Mandelblättchen	und die eingelegten Rosinen unterrühren.
300g Sahne	steif schlagen und unter die Masse ziehen. Die Masse in eine mit Alufolie ausgelegte Stollenform füllen und 4-5 Stunden durchfrieren lassen.
	Den geeisten Stollen aus der Form stülpen und mit
Kakao	bestreuen. Den Stollen in Scheiben aufschneiden und mit den Rumtopffrüchten servieren.

Kuckucks Tipp: Der Rumtopf kann 2 Wochen bevor er fertig ist zusätzlich noch mit 2 Vanilleschoten, 2 Zimt-stangen, 2 Anissternen und eventuell einem halben Liter Williams Christ verfeinert werden.

Für süße Naschkatzen

Kalter Hund mit selbstgemachtem Butterkeks

ca. 15-25 Stück

KUCK ins WEB

Kalter Hund

250g Kokosfett	in Stücke brechen und in einer Metallschüssel über einem warmen Wasserbad erwärmen bis es flüssig ist.
200g dunkle Kuvertüre	klein hacken.
200g Nussnougat	in Würfel schneiden. Das Kokosfett vom Wasserbad nehmen und zügig die Kuvertüre und das Nougat einrühren bis es im warmen Öl geschmolzen ist. Wenn die Hitze nicht reicht, nochmals kurz über das Wasserbad stellen.
2 Eier	mit
50g Puderzucker	und
1 EL Vanillezucker	schaumig schlagen.
50g Kakao	unterrühren. Die nur noch lauwarme Nougat-Fettmasse unterrühren. Die fertige Schokomasse dünn in eine mit Frischhaltefolie ausgelegte Kastenform geben und eine Schicht
Butterkekse	(siehe unten) darauf verteilen. Wieder eine Schicht Schokomasse usw. bis alles aufgebraucht ist. Den Kalten Hund über Nacht in den Kühlschrank stellen.

Am nächsten Tag aus der Form stürzen und viereckige Stücke herausschneiden. Auf diese jeweils eine Hundepfote aus Puderzucker aufstreuen. Eine Schablone zum Ausdrucken finden Sie auf unserer Internetseite **www.schwarzwaelder-minis.de**.

Butterkeks (Grundrezept)

200g Butter	zusammen mit
200g Puderzucker	schaumig schlagen.
2 Eier	zugeben und unterrühren.
500g Mehl	
1 EL Vanillezucker	und Saft und Abrieb einer
½ Bio-Zitrone	zugeben und zu einem homogenen Teig verkneten. Diesen in Frischhaltefolie einwickeln und eine Stunde in den Kühlschrank geben.

Den Teig mit einem Wallholz auf einer bemehlten Arbeitsfläche dünn ausrollen. Mit einem Zacken-Teigrädchen Rechtecke schneiden und diese auf ein Backblech mit Backpapier legen.

1 Ei	mit etwas Wasser verquirlen und die Kekse damit dünn einpinseln. Etwas einziehen lassen und nochmals dünn bepinseln. Mit dem stumpfen Ende eines Holzspießes mehrere kleine Löcher in die Kekse drücken. Im Backofen bei 170 Grad ca. 10 Minuten backen bis sie eine goldgelbe Farbe bekommen.

Auf einem Kuchengitter auskühlen lassen.

Kuckucks Tipp: Zum Aufschneiden vom „Kalten Hund" diesen etwa 1 Stunde vorher aus dem Kühlschrank nehmen. Beim Aufschneiden ein scharfes, dünnes Messer verwenden.

Eine Sünde wert

Schwarzwälder Kirsch-Macarons

ca. 40 Stück

Helle Macarons

90g gem. Mandeln	(ohne Schalen) zusammen mit
60g Puderzucker	in einen Mixer geben, sehr fein mahlen und durch ein Sieb streichen. Die Mandelmischung zusammen mit
2 Eiweiß	in eine Metallschüssel geben und über einem heißen Wasserbad unter Rühren auf ca. 60 Grad erhitzen. Vom Wasserbad nehmen. Das Eiweiß mit
75g Zucker	und
1 Prise Salz	steif schlagen. Die Mandelmischung etappenweise vorsichtig unter den Eischnee heben bis sich alles verbunden hat und der Teig homogen vom Löffel fließt.

Die Masse in einen Spritzbeutel mit großer Lochtülle geben und flache Taler von etwa 2cm Durchmesser auf ein Backpapier spritzen.
Die Kreise sollten alle die gleiche Größe haben. Eine Schablone, die unter das Backpapier gelegt werden kann, finden Sie zum Ausdrucken auf unserer Internetseite **www.schwarzwaelder-minis.de**.
Die Macarons bei 120 Grad ca. 30 Minuten im Backofen trocknen.
Dann die Macarons auskühlen lassen und vorsichtig vom Backpapier ziehen.

Dunkle Macarons

Die gleiche Masse wie oben zubereiten,

2 EL Kakao	unter die Mandelmasse mischen und damit den Teig einfärben.

Die Macarons wie oben beschrieben im Ofen trocknen.

Kirschcreme

60g Kirschen	(aus dem Glas) absieben. Zusammen mit
1 EL Kirschmarmelade	und
1 EL Kirschlikör	pürieren.
100g Frischkäse	und
40g Puderzucker	unterrühren.
170g Sahne	mit
1 Pck. Sahnesteif	steif schlagen und vorsichtig unter die Kirschmasse heben.

Die Masse in einen Spritzbeutel füllen.

Fertigstellung Macarons:
Die hellen Macarons dünn mit etwas

Kirschmarmelade	bestreichen.

Auf die braunen Macarons die Kirschcreme geben.
Die beiden Hälften zusammensetzen.
Die fertigen Macarons mit einer halben

Kandierte Kirsche	krönen.

Kuckucks Tipp: Bei Macarons sollte man sich strikt an Mengenangabe und Zubereitung halten, da sonst nicht das gewünschte Ergebnis herauskommt. Im Haushaltswarenhandel gibt es auch Macaron-Backmatten zur einfacheren Herstellung.

Nicht nur an Fastnacht ein Hochgenuss

Scherbenhaufen

`1 Haufen voll`

Scherben (Grundrezept)

2 Eigelb	
2 Eier	
1 EL Vanillezucker	
2 EL Zucker	
4cl Kirschwasser	
1 Prise Salz	
2 EL Sauerrahm	in einer Schüssel vermischen und langsam
300g Mehl	einsieben. Alles zu einem festen Teig verarbeiten.
	Den Teig dritteln und für die Schokoscherben ein Drittel mit
1 EL Kakao	und
1 EL brauner Rum	verkneten.

Alle Teige nacheinander mit einem Wallholz dünn auf einer bemehlten Arbeitsfläche ausrollen. Mit einem Zacken-Teigrad zu kleinen verschiedenförmigen Dreiecken und Rauten schneiden. In diese mit einer Gabel mehrere Löcher stechen.
Die Teigecken etappenweise in

Frittierfett — etwa 60 Sekunden ausbacken. Die Scherben dabei einmal im Fett umdrehen. Mit einem Schaumlöffel aus dem Fett nehmen und auf Küchenkrepp entfetten.

Original-Scherben
Einen Teil der frittierten, hellen Scherben mit
Puderzucker — bestreuen.

Schwarz/Weiß-Scherben
100g dunkle Kuvertüre — in einer Metallschüssel über einem Wasserbad schmelzen und die restlichen hellen Scherben jeweils mit einer Ecke in die Kuvertüre tauchen und auf einem Kuchengitter trocknen lassen.

Schoko-Scherben
50g Puderzucker — und
1 EL Rum — miteinander vermischen und so einen Zuckerguss herstellen. Jeweils eine Ecke der Schokoscherben mit dem Zuckerguss bepinseln und mit einigen
Kokosflocken — bestreuen.

Kuckucks Tipp: Aus einer Mischung von hellem und dunklem Teig, den man nur kurz miteinander verknetet, können Scherben in Marmoroptik hergestellt werden.

Der Hit für jeden Kindergeburtstag

Fred mit dem Erdbeermund

ca. 6-8 Gläser

5-7

Erdbeere

	Schokopudding (Grundrezept)
500ml Milch	in einem Topf erhitzen.
50g dunkle Schokolade	raspeln und in der Milch schmelzen.
50g Zucker	mit
30g Speisestärke	
1 Prise Salz	und
2 EL Kakao	in eine kleine Schüssel geben und vermischen.
4 Eigelb	und
50ml Milch	zugeben und klümpchenfrei vermischen. Etwas von der heißen Milch in die kleine Schüssel geben. Dann den Inhalt der kleinen Schüssel in den Milchtopf zurückgeben und unterrühren - kurz aufkochen lassen. Den Pudding in eine Metallschüssel umfüllen.
	Fred mit dem Erdbeermund
2-3 Erdbeeren	halbieren und in sehr dünne Scheiben schneiden. Diese in der Form eines Mundes zurechtschneiden. Die Erdbeeren als Mund an die Wandung von einigen Mini-Gläsern andrücken (Sie sollten von alleine am Glasrand kleben bleiben). Den warmen Schokopudding in die Gläser einfüllen und abkühlen lassen.
3 Blatt Gelatine	5 Minuten in kaltem Wasser einweichen, ausdrücken und in einem warmen Topf schmelzen. 3 Esslöffel von
250g Magerquark	zur geschmolzenen Gelatine geben. Den restlichen Quark mit der Gelatinemasse in einer Schüssel verrühren.
3 EL Zucker	und
2 EL Vanillezucker	unterrühren.
200ml Sahne	steif schlagen und unter den Quark ziehen. Die Masse in einen Spritzbeutel mit dünner Lochtülle füllen und kurz kalt stellen (bis die Masse zu gelieren beginnt).
	Mit dem Spritzbeutel die Haare von Fred auf den Schokopudding spritzen. Für die Augen von Fred können Klebe-Kulleraugen aus dem Bastelbedarf außen auf die Gläser geklebt werden.
	Eventuell noch mit etwas
Kakao	bestreuen.

Kuckucks Tipp: Wer keinen Spritzbeutel mit dünner Tülle zur Hand hat, kann die Masse auch in eine Spätzlepresse füllen und durchdrücken. Wer möchte, kann ein paar gezuckerte Erdbeeren dazu servieren.

Manchmal zählen die inneren Werte

Dampfnudeln mit Weincremefüllung

ca. 30-40 Stück

Dampfnudeln

50g Butter	in einem Topf zerlassen.
250ml Milch	und
50g Zucker	zugeben und leicht erwärmen.
½ Würfel Hefe	in der nicht zu heißen, lauwarmen Milch auflösen. Zusammen mit
500g Mehl	
1 Ei	und
1 Prise Salz	in einer Schüssel zu einem festen Hefeteig verkneten. Diesen 60 Minuten an einem warmen Ort gehen lassen. Den Teig zu 25g schweren Kugeln formen und erneut 15 Minuten gehen lassen.
30g Butter	in einer großen beschichteten Pfanne mit Glasdeckel schmelzen.
100ml Milch	
20g Zucker	
1 Prise Salz	zugeben und kurz erwärmen. Einen Teil der Dampfnudeln locker mit etwas Abstand in die Pfanne setzen, den Deckel schließen und die Dampfnudeln 20-30 Minuten bei schwacher Hitze köcheln lassen. Die Hitze währenddessen weiter reduzieren. Die Flüssigkeit soll am Schluß aufgebraucht sein und die Dampfnudeln eine leichte Kruste bekommen haben. Dampfnudeln auf einem Kuchengitter abkühlen lassen. Mit den weiteren Teigkugeln gleich verfahren. Die Dampfnudeln mit einer Gebäckspritze mit der Weincreme füllen. Einige Keksbröseln (siehe unten) darauf streuen.

Weincreme

80g Zucker	
1 EL Vanillezucker	
100ml Sahne	und
100ml trockener Riesling	in einem Topf aufkochen.
15g Speisestärke	in
4cl Obstler	glattrühren und mit
2 Eigelb	vermischen. Etwa 5 EL von der heißen Weinmasse unter die Eimischung rühren. Dann die Eimischung unter die restliche Weinmasse rühren und einmal kurz aufkochen lassen. Die Weincreme abkühlen lassen.

Keksbrösel

50g Butterkekse	(fertig oder nach Rezept auf Seite 38) im Mixer vermahlen.
2 EL Butter	in einem Topf schmelzen und die Keksbrösel untermischen. Mit
etwas Zimt	abschmecken.

Kuckucks Tipp: Der Glasdeckel der Pfanne muß dicht schließen. Niemals vorher den Deckel öffnen, da die Dampfnudeln sonst zusammenfallen.

Das gibt es nur im Wonnemonat

Waldmeister-Sorbet auf Erdbeerpüree

ca. 4 Gläser

Waldmeister-Sorbet

2 EL Calvados	zusammen mit
90ml Waldmeistersirup	(siehe unten)
1 EL Vanillezucker	
200ml Süßwein	dem Mark von
1 Vanilleschote	sowie dem Saft von
1 Zitrone	und
100ml Apfelsaft	in einen Topf geben und kurz aufkochen lassen. Die Masse komplett erkalten lassen.

1 Eiweiß — steif schlagen und vorsichtig unter die Masse heben.

Die Masse in eine flache Form füllen und ins Gefrierfach geben. Alle 30 Minuten umrühren, bis das Sorbet leicht fest ist und sich zu Kugeln formen lässt.

Erdbeerpüree

300g Erdbeeren	waschen und zusammen mit
2-3 EL Zucker	pürieren.

Das Erdbeerpüree auf 4 Cocktailgläser verteilen und jeweils eine Kugel vom Waldmeistersorbet darauf geben. Mit etwas frischem Waldmeister garnieren.

Waldmeistersirup (Grundrezept)

70g Waldmeister — einen Tag vorher ernten, mit Küchengarn zu Sträußchen binden und verkehrtherum aufhängen (durch das leichte Antrocknen entfaltet der Waldmeister erst sein volles Aroma).

1l Wasser	in einen Topf geben und mit
750g Zucker	aufkochen bis er eine leicht sirupartige Konsistenz bekommt.
1 Bio-Zitrone	in Scheiben schneiden und zugeben. Den Sirup abkühlen lassen. Die Waldmeistersträußchen in den lauwarmen Sirup hängen und etwa 3 Tage darin ziehen lassen.

Den Waldmeister entfernen, den Sirup durch ein Küchenhandtuch passieren und erneut aufkochen. Heiß in sterilisierte, hitzebeständige Fläschchen füllen und direkt verschließen.

Nicht enttäuscht sein, wenn der Sirup nicht die gewohnte grüne Farbe hat. Diese erhält er in der Regel nur durch Zugabe von grünem Farbstoff. Und das brauchen wir nun wirklich nicht.

Kuckucks Tipp: Waldmeistersirup kann auch hervorragend für eine Mai-Bowle verwendet oder in einem Glas Sekt genossen werden.

Da wird nicht nur Eva schwach

Adam's Apfeltraum mit Graupen

ca. 5-7 Gläser

8-10

100g Gerstengraupen	in einen Topf geben und zusammen mit
½l naturtrüber Apfelsaft	
3 EL Zucker	
1 Prise Salz	und
1 Zimtstange	etwa 35-40 Minuten weich kochen. Anschließend in ein Sieb geben und unter fließendem Wasser abspülen.
250g Naturjoghurt	mit
250g Quark	in einer Schüssel mischen.
3-4 EL Honig	
1 EL Vanillezucker	und
½ TL Zimt	zugeben.
	Das Kerngehäuse von
1-2 Äpfel	ausstechen und den Apfel mit Schale in hauchfeine Scheiben schneiden. Diese direkt durch den Saft einer ausgepressten
1 Zitrone	ziehen.

In Mini-Gläschen jeweils eine Schicht Graupen und dann eine Schicht Quarkjoghurt einfüllen. Die Apfelscheiben dekorativ in den Quarkjoghurt stecken und mit weiteren Graupen verzieren.

Vor dem Servieren noch mit etwas

Zimt bestreuen.

Kuckucks Tipp: Die dünnen Apfelringe schneidet man am besten mit einer Mandoline oder Aufschnittmaschine.

Süße Küsse – kühl serviert

Schwarzwälder Küsse

Honig-Nusswaffeln ca. 3-4 Waffeln

100g Butter	in einer Schüssel mit
50g Zucker	schaumig rühren.
2 EL Honig	und
3 Eier	zugeben und verrühren.
25g gem. Walnüsse	
25g gem. Haselnüsse	
½ TL Backpulver	
50g Mehl	
50g Speisestärke	
1 Msp. Zimt	miteinander vermischen und zusammen mit
2 EL Kirschwasser	(für Kinder weglassen) in die Schüssel geben. Alles zu einem homogenen Teig verarbeiten. Den Teig in einem eingefetteten Waffeleisen nacheinander zu mehreren knusprigen Waffeln backen. Die Waffeln auf einem Kuchengitter auskühlen lassen.

Schwarzwälder Küsse ca. 20-25 Küsse

200g Zucker	zusammen mit
50g Wasser	in einen Topf geben und die Masse auf 120 Grad erhitzen (mit einem Thermometer überprüfen).
2 Blatt Gelatine	5 Minuten in kaltem Wasser einweichen.
3 Eiweiß	zusammen mit
1 Prise Salz	aufschlagen bis die Masse beginnt steif zu werden. Dann langsam in einem dünnen Strahl die heiße Zuckermischung unterschlagen. Die Gelatine ausdrücken und in einem warmen Topf schmelzen lassen. 3 EL der Eischneemasse unter die warme Gelatine rühren. Dann die Gelatinemasse zügig unter die restiche Eischneemasse rühren. Die Masse für mindestens 1-2 Stunden in den Kühlschrank stellen.
	Die Eischneemasse in einen Spritzbeutel mit glatter Lochtülle füllen.
	Aus den fertigen Waffeln Kreise mit einem Durchmesser von ca. 4cm ausstechen und auf ein Kuchengitter legen.
Süßkirschen	entsteinen und auf jede Waffel mittig eine Kirsche setzen. Die Kirsche mit Eischneemasse umhüllen. Nochmals 15 Minuten in den Kühlschrank stellen.
dunkle Kuvertüre	in einer Metallschüssel über einem warmen Wasserbad schmelzen und wieder etwas abkühlen lassen. Die Schwarzwälder Küsse damit begießen und vollständig umhüllen. Bei Raumtemperatur abkühlen lassen.

Kuckucks Tipp: Die Reste der ausgestochenen Waffeln in einem Mixer zerkleinern. Sie können über ein Müsli oder Joghurt gestreut werden.

Verführerisch fruchtig
Apfel- und Kirschtäschle

Apfelmus (Grundrezept)

1kg Äpfel	schälen, Kerngehäuse entfernen und würfeln. Zusammen mit
2 EL Honig	
3 EL Zucker	
100ml Wasser	und Saft einer
½ Zitrone	in einen Topf geben, ca. 15 Minuten köcheln lassen. Währenddessen
1 Prise Salz	
1 TL Zimt	
1 Msp. Nelke	und
1 Msp. Kardamom	zugeben. Die gekochten Äpfel pürieren und abkühlen lassen (darf noch Stücke enthalten). Je nach Süße oder Säure der Äpfel weiteren Zucker oder Honig zugeben.

Quark-Öl-Teig (Grundrezept)

200g Quark	in eine Schüssel geben,
50ml Milch	
50ml Öl	und
1 Ei	zugeben und gut verrühren.
100g Zucker	und
1 EL Vanillezucker	zugeben und verrühren.
400g Mehl	mit
1 Prise Salz	und
1 TL Backpulver	vermischen und zu den anderen Zutaten in die Schüssel geben, zu einem festen Teig verkneten. Diesen in Frischhaltefolie einwickeln und 20 Minuten im Kühlschrank ruhen lassen.

Apfeltäschle `ca. 10-15 Stück`

Den Teig auf einer bemehlten Arbeitsfläche etwa 2-3mm dünn ausrollen. Vierecke oder Kreise mit ca. 12cm Durchmesser ausstechen. Die Ränder mit etwas

1 Eiweiß	einstreichen. Etwa 1 EL Füllung in die Mitte geben. Den Teig zusammenklappen, die Ränder mit einer Gabel zusammendrücken und somit verschließen.
1 Eigelb	mit
2 EL Milch	verquirlen und die Apfeltaschen damit bestreichen. Mit
Mandelblättchen	oder Mandelstiften bestreuen. Die Apfeltaschen im Backofen bei 170 Grad ca. 15 Minuten backen. Auf einem Kuchengitter auskühlen lassen. Zum Servieren eventuell in der Mitte halbieren.

Kirschtäschle `ca. 10-15 Stück`

300g Süßkirschen	(frisch oder tiefgefroren) zusammen mit
100g Zucker	in einen Topf geben und 10 Minuten köcheln lassen.
1 TL Zimt	zugeben.
1 TL Speisestärke	in
2 cl Kirschwasser	glattrühren und zu den Kirschen geben. Kurz aufkochen lassen und die Kirschmasse abkühlen lassen.

Mit den Kirschtaschen gleich wie mit den Apfeltaschen verfahren und anstelle von Apfelmus mit Kirschfüllung füllen.

Kuckucks Tipp: Zum Formen der Teigtaschen eignet sich ein einfacher Teig- oder Maultaschenformer, den Sie im Haushaltswarenhandel bekommen.

So ein süßer Schmarrn

Schwäbische Kratzete-Spieße auf Stachel-Johannisbeerkompott

ca. 5-10 Stück

Kratzete-Spieße

250g Mehl	in eine Schüssel geben.
4 Eigelb	
250ml Milch	
3 EL Zucker	und Abrieb einer
½ Bio-Zitrone	zugeben, zu einem glatten Teig verrühren.
2 EL Butter	in einem kleinen Topf schmelzen und ebenfalls unter den Teig rühren.
4 Eiweiß	mit
1 Prise Salz	steif schlagen und unter den Teig heben.
Butterschmalz	In einer Pfanne erhitzen. Etwa 5mm dick Teig einfüllen und diesen zu einem Pfannkuchen backen, wenden und fertig backen. Den Pfannkuchen mit zwei Gabeln zu etwa 3-4cm großen Stücken reißen. Diese noch warm nacheinander auf Holzspieße stecken. Die fertigen Kratzete-Spieße mit
Puderzucker	bestreuen.

Stachel-Johannisbeerkompott

100g brauner Zucker	in einem Topf zum Karamellisieren bringen. Mit
50ml Roséwein	
50ml Wasser	und
2cl Brombeerlikör	ablöschen und warten bis sich der Karamell-Zucker darin auflöst.
1 Zimtstange	und Abrieb von einer
½ Bio-Zitrone	zugeben. Zu einem Sirup einkochen lassen.
6 Blätter Zitronenmelisse	zusammen mit
250g Stachelbeeren	
200g Johannisbeeren	und
100g Weintrauben	in den Sirup geben und bei schwacher Hitze 1 Minute köcheln lassen.
1 EL Speisestärke	mit
3 EL Wasser	glattrühren und zugeben. Kurz aufkochen lassen und von der Hitze nehmen.

Die Kratzete-Spieße auf dem Kompott anrichten.

Kuckucks Tipp: Je nach Saison können auch andere Beeren oder Früchte für das Kompott verwendet werden. Zu beachten ist immer die Garzeit der Früchte, daher diese je nachdem früher oder später dazugeben.

Kleine Küchlein ganz Groß

Rhabarber-Baiser-Muffins

ca. 10 Stück

Rhabarber-Baiser-Muffins

150g Butter	(zimmerwarm) in eine Rührschüssel geben und mit
150g Zucker	und
2 EL Vanillezucker	schaumig rühren. Nach und nach
2 Eier	und
2 Eigelb	unterrühren.
200g Mehl	mit Abrieb einer
½ Bio-Zitrone	und
2 TL Backpulver	vermischen. Langsam zu der Masse hinzugeben und alles zu einem Teig verrühren.

Muffins-Backformen mit Backpapier auslegen und jeweils bis etwa 1cm unter den Rand mit dem Teig füllen.

500g Rhabarber in Stücke schneiden und in die Teigmasse drücken.

Die Muffins im Backofen bei 180 Grad ca. 20-30 Minuten backen.

Die Baisermasse (siehe unten) in einen Spritzbeutel füllen, die Muffins damit garnieren und erneut in den Backofen geben, bis das Baiser eine schöne Farbe bekommt.

Baisermasse (Grundrezept)

3 Eiweiß	in eine Rührschüssel geben und mit
1 Prise Salz	
150g Zucker	und mit kaltem
1 EL Wasser	steif schlagen.

Anstelle von Backpapier können auch Muffinsformen aus Papier verwendet werden.

Einer der immer geht

Black Forest-Schokoriegel

ca. 10 Stück

Butter-Karamell (Grundrezept)

150g Zucker	mit 1 EL Wasser in eine kleine Pfanne geben und erhitzen, bis der Zucker zu karamellisieren beginnt. Hitze etwas drosseln, damit der Karamell nicht verbrennt. Wenn der Karamell eine goldgelbe Farbe hat
50g Butter	zugeben. Sobald die Butter geschmolzen ist
50g Sahne	zugießen und bei mittlerer Hitze 5 Minuten köcheln lassen. Den so entstandenen Butterkaramell im Kühlschrank durchkühlen lassen.

Black Forest-Schokoriegel

Butterkekse	(fertig oder nach Rezept auf Seite 38) mit einer Größe von etwa 2x8cm zubereiten. Die Kekse dürfen ruhig auch etwas dicker sein. Die ausgekühlten Kekse auf der Rückseite mit einer Schicht Butterkaramell bestreichen. Bei der Hälfte der Kekse einige
getrocknete Kirschen	(fertig oder nach Rezept auf Seite 178) in den Karamell drücken. Ein zweiter Keks mit der Karamellseite nach unten darauf geben und leicht andrücken. (Vorsicht, dass die Kekse nicht brechen). Überquillendes Karamell an den Seiten abstreichen. Die Riegel für 30 Minuten in den Kühlschrank geben.
200g dunkle Kuvertüre	in einer Metallschüssel über einem warmen Wasserbad schmelzen. Die Riegel einzeln in die Schokolade tauchen. Mit einer Fleischgabel aus der Schokolade heben und auf ein Kuchengitter legen. Direkt mit einigen gehackten
Walnusskerne	bestreuen und die Riegel erkalten lassen.

Kuckucks Tipp: Wer möchte kann die Kirschen einige Stunden vorher in Kirschwasser einlegen.

Der Badner und seine Nudeln

Pfirsich-Brombeer-Creme mit Schokostreusel im Nudelnest und Kirschespuma-Nudeln

7-8

Pfirsich

Pfirsichcreme im Nudelnest

ca. 10 Stück

10 Nudelplatten	(fertig oder nach Rezept auf Seite 84) in Wasser mit
1 EL Speiseöl	und
2 EL Zucker	kochen. Auf eine Größe von ca. 10x10cm zuschneiden. Jeweils eine gekochte Nudelplatte in eine Suppenkelle legen und in heißem
Frittierfett	knusprig ausbacken. Damit die Nudeln beim Frittieren in Form bleiben, diese mit einem Schneebesen in der Suppenkelle festhalten. Die fertigen Nudelnester auf Küchenkrepp entfetten.
2 Pfirsiche	in kleine Würfel schneiden und mit
2 EL Zucker	
1 TL Zitronensaft	und
4cl Pfirsichlikör	in einer Schüssel mischen und mindestens 2 Stunden ziehen lassen.

Für die Schokostreusel:

40g Butter	mit
40g brauner Zucker	
70g Mehl	
1 Prise Zimt	und
1 EL Kakao	zu einem Streuselteig verkneten und die Streusel auf ein Backblech mit Backpapier verteilen. Im Backofen bei 160 Grad ca. 20-25 Minuten backen. Auskühlen lassen.
400g Frischkäse	mit
100g Zucker	vermischen. Abwechselnd zusammen mit
Brombeeren	und den eingelegten Pfirsichen in die Nudelnester drapieren. Mit frischer
Minze	und Schokostreusel garnieren.

Kirschespuma-Nudeln

ca. 20 Stück

10 Macaroni	(fertig) in einem Topf mit Wasser,
1 EL Speiseöl	und
1 EL Zucker	kochen (nicht zu weich, sie sollen noch Form behalten). Die Macaroni in der Mitte durchschneiden und einzeln in heißem
Frittierfett	ausbacken. Die fertigen Macaroni auf Küchenkrepp entfetten.
300g Kirschen	zusammen mit
75g Zucker	in einem Topf solange kochen bis die Kirschen weich sind und zerfallen.
4cl Kirschlikör	und
100ml Sahne	zugeben und ebenfalls kurz mitkochen. Die Kirschen erst durch ein grobes, dann durch ein sehr feines Sieb passieren.
1 Blatt Gelatine	5 Minuten in kaltem Wasser einweichen, ausdrücken und in der heißen Kirschmasse auflösen. Die Masse in einen kleinen Sahnesyphon füllen. 1-2 Sahnekapseln einschrauben und mindestens 4 Stunden kalt stellen.

Die frittierten Macaroni mit dem Kirschespuma füllen und mit Minze garnieren.

Kuckucks Tipp: Mal bei den Großeltern fragen, ob noch so ein Sahnesyphon im Keller steht, da dieser früher sehr in Mode war. Neue moderne Geräte gibt es im Haushaltswarenhandel.

Es grünt so grün

Grünkernkuchen im Blumentopf

ca. 5-10 Töpfle

150ml Milch	in einem Topf kurz aufkochen lassen. Vom Herd nehmen und
100g Grünkernschrot	einrühren. Den Deckel auf den Topf geben und den Grünkern 30 Minuten quellen lassen.
75g Butter	(zimmerwarm) mit
75g Zucker	schaumig rühren. Nach und nach
2 Eigelb	unterrühren.
50g gem. Mandeln	in eine kleine Schüssel geben und zusammen mit
½ TL Zimt	
1 Msp. Nelke	
1 Prise Salz	
1 TL Backpulver	und dem Abrieb einer
½ Bio-Zitrone	vermischen. Diese Mischung langsam unter die schaumige Butter geben. Den gequollenen Grünkern ebenfalls zugeben und alles zu einem Teig verarbeiten.
2 Eiweiß	steif schlagen und vorsichtig unter den Teig heben.
kleine Blumentöpfchen	aus gebranntem Ton (gibt es im Bastelladen oder Baumarkt in allen Größen) gut ausspülen und trocknen lassen. Die Töpfchen mit
Butter	ausfetten und einen Kreis aus Backpapier über das Loch im Boden der Töpfchen legen. Dann mit
Weckmehl	ausstreuen. Etwas Teig in die Töpfchen einfüllen und einige entsteinte
Kirschen	(alternativ aus dem Glas) in den Teig drücken. Die Töpfchen sollten etwa bis 1cm unter den Rand gefüllt sein. Bei 170 Grad (je nach Größe der Töpfchen) ca. 15-25 Minuten im Backofen backen.
	Die fertigen Kuchen auskühlen lassen. In die Mitte mit einem Zahnstocher ein kleines Loch vorstechen und einen Zweig
Minze	hineinstecken.

Kuckucks Tipp: Aus unseren Grünkernkuchen im Blumentopf kann eine witzige essbare Tischdekoration für Gäste gezaubert werden.

Der Apfel, bereits im Paradies eine Sünde wert

Apfelküchle mit Calvadossoße

ca. 30 Stück

8-10

Apfel

Apfelküchle

5 EL Zucker	in ein kleines Schüsselchen geben und mit
2 EL Zimt	und
1 Prise Nelken	vermischen.
5-6 Äpfel	schälen und in etwa 5mm dicke Scheiben schneiden. Das Kerngehäuse großzügig ausstechen. Die Apfelringe in etwas
Mehl	wenden und überschüssiges Mehl gut abklopfen. Die Apfelscheiben durch den Bierteig (siehe unten) ziehen - geht am besten mit dem Stiel eines Holzlöffels. Dann direkt in heißem
Frittierfett	bei 170 Grad etwa 5-6 Minuten ausbacken, bis sie eine goldgelbe Farbe bekommen. Auf einem Küchenkrepp entfetten und anschließend in der Zimtmischung wenden und sofort servieren.

Bierteig (Grundrezept)

300g Mehl	in eine Schüssel geben und mit
300ml Bier	(oder Dunkelbier)
1 Prise Salz	und
20g Zucker	mischen. 5 Minuten ruhen lassen. in der Zwischenzeit
2 Eiweiß	steif schlagen.
2 Eigelb	und flüssige
40g Butter	zum Teig geben. Das Eiweiß unterheben und weitere 5 Minuten ruhen lassen.

Calvadossoße

40g Zucker	zusammen mit
1 TL Wasser	in eine kleine Pfanne geben und erhitzen bis der Zucker zu karamellisieren beginnt. Mit
50ml Calvados	ablöschen und mit
100ml Apfelwein	(oder Apfelsaft) aufgießen. Etwa auf die Hälfte einreduzieren lassen.
100ml Sahne	in eine kleine Schüssel geben und mit
1 TL Speisestärke	klümpchenfrei vermischen.
1 Eigelb	unterrühren und 2-3 EL von der warmen Apfel/Calvados-Mischung einrühren. Alles zusammen zügig in die restliche Apfel/Calvados-Mischung einrühren. Einmal kurz aufkochen lassen und in eine Metallschüssel umfüllen.

Warm oder kalt zu den Apfelküchle servieren.

Kuckucks Tipp: Alternativ kann der Bierteig auch mit Weißwein oder ohne Alkohol, mit Mineralwasser zubereitet werden.

Feine Kirsche aus Mösbach

„Black Forest" Schokomuffins mit Schuss

12 Stück

150g dunkle Kuvertüre	Mit einem Sparschäler einige Schokoraspel für die Deko von einem Block abschaben. Die restliche Kuvertüre hacken und beiseite stellen.
150g Butter	zusammen mit
150g Zucker	und
1 EL Vanillezucker	schaumig rühren. Nach und nach
2 Eier	zugeben.
150g Mehl	in einer Schüssel zusammen mit
30g Kakao	
2 EL Speisestärke	
1 TL Backpulver	und
1 Prise Salz	mischen und abwechselnd mit
50ml Milch	unter die Buttermischung rühren. Die gehackte Kuvertüre ebenfalls unterrühren. Eine Muffins-Backform mit Papierrosetten auslegen und einen Teil des Teiges einfüllen. In jeden Teig eine von
12 Schoko-Kirschpraline	(mit Kirschwasser) geben. Den restlichen Teig darübergeben. Die Muffins im Backofen bei 150 Grad ca. 25 Minuten backen. Die Muffins aus der Form nehmen und auf einem Kuchengitter auskühlen lassen.
200ml Sahne	mit
3 EL Zucker	steif schlagen, in einen Spritzbeutel geben und auf die Muffins spritzen. Mit Schokoraspel und einer frischen
Kirsche	verzieren.

Kuckucks Tipp: Kann für Kinder ohne Alkohol zubereitet werden. Die Schoko-Kirschpraline kann beispielsweise durch eine Nusspraline oder ähnliche alkoholfreie Pralinen ersetzt werden.

Einem Sonnenstich eindeutig vorzuziehen

Bienenstich am Stiel

ca. 35 Stück

Mandelsegel

50g Zucker	zusammen mit
50g Butter	in einem Topf schmelzen.
4 EL Sahne	und
2 EL Honig	zugeben, kurz aufkochen lassen.
100g Mandelblättchen	zugeben und 5 Minuten darin köcheln lassen.
	Ein Backblech mit Backpapier auslegen.
rechteckige Oblaten	darauf verteilen. Die Mandelmasse dünn auf den Oblaten verteilen.

Im Backofen bei 180 Grad ca. 10-15 Minuten goldgelb backen.
Die so entstandenen Mandelplatten aus dem Ofen nehmen, leicht abkühlen lassen und die noch lauwarmen Mandelplatten mit einem scharfen Messer zu dreieckigen Mandelsegeln zuschneiden.

Puddingcreme

Vanillepudding	(fertig oder nach Rezept auf Seite 154) zubereiten.
3 Blatt Gelatine	5 Minuten in kaltem Wasser einweichen, ausdrücken und unter den noch heißen Pudding rühren. Den Pudding auskühlen lassen.
200ml Sahne	steif schlagen und unter den erkalteten Pudding ziehen.

Die Creme in einen Spritzbeutel füllen.

Hefekugeln

200ml Milch	in einem Topf erwärmen,
100g Zucker	
100g Butter	
1 Prise Salz	
2 EL Honig	
1 EL Vanillezucker	zugeben und rühren bis sich alles aufgelöst hat.
	Die Milchmischung abkühlen lassen.
1 Würfel Hefe	in die nur noch lauwarme Milchmischung bröseln und darin auflösen.
500g Mehl	in eine Schüssel geben, die Milch-Hefe-Mischung und
1 Ei	zugeben. Alles zu einem geschmeidigen Hefeteig verarbeiten. Diesen abgedeckt 45 Minuten gehen lassen.

Den Teig zu etwa 25g schweren Kugeln formen und auf Backpapier setzen.

1 Eigelb	verquirlen und mit
1 EL Milch	vermischen. Die Teigkugeln damit einpinseln und im Backofen bei 160 Grad ca. 15 Minuten backen.

Die Teigkugeln abkühlen lassen und auf Holzspieße stecken. Auf die Teigkugeln etwas von der Vanillecreme geben und die Mandelsegel hineinstecken.

Kuckucks Tipp: Als Halter für den Bienenstich am Stiel eignet sich ein Stück Holz, in das Sie einige Löcher im Durchmesser der Holzstiele bohren.

Jetzt gibt es ihn auch süß

Rehrücken Baden-Baden

`1 Rehrücken`

8-10 · Birne

75g Butter	(zimmerwarm) in einer Küchenmaschine schaumig rühren.
75g Puderzucker	zugeben und weiterrühren. Wenn die Masse weiß wird, nach und nach
2 Eier	zugeben.
50g Mehl	zusammen mit
50g Speisestärke	
50g gem. Mandeln	
1 EL Kakao	
½ TL Backpulver	
1 Msp. gem. Nelke	
1 Msp. gem. Piment	und
¼ TL gem. Zimt	in einer separaten Schüssel mischen. Dann die Mehlmischung unter die Eimasse rühren und
2 EL Williams Christ	zugeben. Eine Rehrückenform gründlich ausfetten und den Teig einfüllen. Bei
3 Birnen	das Kerngehäuse ausstechen, schälen und längs halbieren. Die Birnenhälften in einer Linie in der Mitte der Rehrückenform leicht im Teig versenken. Den Rehrücken im Backofen bei 180 Grad ca. 30 Minuten backen. (Damit es die Birnen nicht zu sehr aus dem Teig drückt, wenn dieser aufgeht, kann ein Rost auf die Form gelegt werden). Den Kuchen auf einem Kuchengitter abkühlen lassen. Teig, der aus der Form übersteht, bündig mit einem Messer abschneiden.
200g dunkle Kuvertüre	in einer Metallschüssel über einem warmen Wasserbad schmelzen, den Rehrücken damit begießen und mit einem Pinsel die Schokomasse gleichmäßig darauf verteilen.
Mandelstifte	auf der Oberseite des Rehrückens in den Kuchen stecken, sodass er aussieht wie ein kleiner Igel.

Den Rehrücken mit einem scharfen Sägemesser aufschneiden und servieren.

Kuckucks Tipp: Die sogenannte Rehrückenform gibt es im gut sortierten Haushaltswarenhandel.

Für uns ein Stück Heimat

Bühler Zwetschgenknödel

ca. 15 Stück

500g mehlige Kartoffeln	in Salzwasser kochen, ausdampfen lassen und schälen. Die noch warmen Kartoffeln durch eine Kartoffelpresse drücken. Dann
2 EL Zucker 75g Kartoffelstärke 2 EL Quark 100g Hartweizengrieß 1 Prise Salz	und zugeben. Alles zu einem homogenen Teig verkneten.
ca. 15 Zwetschgen	mit einem Messer der Länge nach bis zur Mitte aufschneiden und den Kern herausholen. Jeweils einen halben
Würfelzucker	hineingeben und die Zwetgschen wieder zusammenklappen. Die Zwetschgen jeweils dünn mit dem Teig umhüllen, sodass eine runde geschlossene Teigkugel entsteht.
3 EL Zucker	Die fertig geformten Zwetschgenknödel in leicht siedendem Wasser mit kochen bis sie oben schwimmen. Mit einem Schaumlöffel aus dem Wasser nehmen.
Mandelkern	Die Zwetschgenknödel zum Servieren halbieren und jeweils einen geschälten anstelle des Zwetschgensteines in die Zwetschgen legen.
3 EL Semmelbrösel 2 EL Butter 1 EL Zucker 1 Prise Zimt	in und leicht anrösten. zugeben und über die Zwetschgenknödel verteilen.

Zu den Zwetschgenknödel eine Vanillesoße (Rezept Seite 102) servieren.

Kuckucks Tipp: Das Wasser für die Zwetschgenknödel sollte nur leicht simmern und nicht kochen. Am besten zuerst einen Probeknödel kochen.

Ein Dessert für Männer

Schwarzbierschnittchen mit Bierschaum-Mousse

ca. 15-20 Stück

Schwarzbierschnittchen

150g Butter	in einem Topf schmelzen und etwas abkühlen lassen.
150g Schwarzbier	in eine Rührschüssel geben,
50g Zuckerrübensirup	und
1 Ei	zugeben und verrühren.
150g Mehl	zusammen mit
100g brauner Zucker	
40g Kakao	
1 Prise Salz	
½ TL gem. Zimt	
½ TL gem. Koriander	
½ TL gem. Kardamom	und
¼ TL Zimt	in einer Schüssel mischen und nach und nach unter die Biermischung rühren. Alles zu einem glatten Teig verrühren. Die geschmolzene Butter ebenfalls unterrühren. Den Teig in eine ausgefettete Springform streichen und im Backofen bei 180 Grad ca. 30 Minuten backen.

Den Kuchen auf einem Kuchengitter auskühlen lassen.
Den ausgekühlten Kuchen in kleine längliche Dreiecke schneiden und die Bierschaum-Mousse darauf drapieren.

Bierschaum-Mousse

250ml Bier	(Export oder Pils) in eine Metallschüssel oder Schlagkessel geben.
4 Eigelb	
100g Zucker	
1 EL Vanillezucker	
1 Prise Salz	und Saft und Abrieb einer
½ Bio-Zitrone	zugeben. Alles über einem heißen Wasserbad zu einer cremigen Masse schlagen. Zwischenzeitlich
6 Blatt Gelatine	5 Minuten in kaltem Wasser einweichen, ausdrücken und unter die heiße Masse rühren. Die Metallschüssel von der Hitze nehmen und die Masse über Eiswasser kaltrühren.
200ml Sahne	steif schlagen und unter die kalte Masse heben.

Die Mousse ca. 3 Stunden im Kühlschrank kalt stellen.

Kuckucks Tipp:

Ideales Dessert für eine Grillparty im Sommer.

Vespern kann der Badner immer
Süßes Vesper

Meringen (Grundrezept)

3 Eiweiß	in eine Metallschüssel geben und mit
100g Zucker	über einem nicht zu heißen Wasserbad aufschlagen. Wenn die Masse cremig ist, diese in der Schüssel über Eiswasser kaltschlagen. Die Masse in einen Spritzbeutel füllen und kleine Häufchen auf ein Backblech mit Backpapier spritzen. Im Backofen bei 100 Grad etwa 2 Stunden trocknen. Die Backofentür dabei einen Spalt offen stehen lassen.

Süße Schwarzwurst — 1-2 Würste

	Einige Baiser von oben in kleine Würfel schneiden.
100g Butter	und
200g Zartbitterschokolade	in einer Metallschüssel über einem heißen Wasserbad schmelzen.
150g Zwieback	und
1 EL Kakao	in einen Mixer geben und vermahlen. Die geschmolzene Schokolade und
4cl Rum	zugeben und vermischen. Die Masse etwas abkühlen lassen und die Baiserstückchen untermischen. Die Masse nun auf Frischhaltefolie geben und zu einer Wurst aufrollen. Mit mehreren Lagen Frischhaltefolie umwickeln. Die Enden mit Küchengarn abbinden und im Kühlschrank durchkühlen lassen.

Brioche — 1-2 Brioche

60ml Milch	in einem Topf lauwarm erwärmen und
½ Würfel Hefe	darin auflösen. Mit der Hälfte von
200g Mehl	einen Vorteig herstellen, diesen 20 Minuten ruhen lassen.
80g Butter	schmelzen und zusammen mit dem restlichen Mehl,
2 Eigelb	
35g Zucker	und
1 Prise Salz	zum Vorteig geben. Diesen zu einem geschmeidigen Teig verarbeiten. Den Teig in eine ausgefettete kleine Backform geben und 30 Minuten gehen lassen.
1 Eigelb	
1 EL Zucker	
1 EL Sahne	miteinander mischen und die Brioche damit einpinseln. Im Backofen bei 170 Grad ca. 20 Minuten backen.

Mirabellen-Safran-Marmelade

500g Mirabellen	waschen, entsteinen und mit
250g Gelierzucker 2:1	und
1 Döschen Safran	in einen Topf geben. Etwa 5 Minuten sprudelnd kochen lassen und pürieren. Direkt in sterilisierte Gläser abfüllen.

Kuckucks Tipp: Mit der Baisermasse von oben können auch Dekorationen für Süßspeisen hergestellt werden, indem verschiedene Formen aufs Backblech gespritzt werden.

Zuckersüß und einfach lecker

Geschichtetes Hefeküchlein

ca. 35-40 Stück

100ml Milch	in einem kleinen Topf erwärmen,
2 EL Waldhonig	und
200g Butter	darin auflösen. Die Milch abkühlen lassen, bis sie nur noch lauwarm ist.
½ Würfel Hefe	hineinbröseln und ebenfalls auflösen.
500g Mehl	in eine Schüssel geben und eine Kuhle in die Mitte drücken. Die Hefemilch hineingießen und in der Kuhle einen Vorteig herstellen. Diesen abgedeckt 30 Minuten ruhen lassen.
2 Eier	zum Vorteig geben und alles zu einem festen Teig verkneten. Diesen erneut 30 Minuten ruhen lassen.
200g gesch. Walnüsse	in einem Mixer zerkleinern. Zusammen mit
200g Zucker	und
1 TL gem. Zimt	in einer Schüssel mischen.

Den Teig in vier Stücke teilen und nacheinander etwa 3mm dick ausrollen.
Eine eckige Springform (geht auch rund) ausfetten.
Den Rand der Form abnehmen und eine Lage Teig auf den Boden der Form legen. Überstehenden Teig abschneiden, sodass am Schluss die Form wieder geschlossen werden kann. Den Teig mit

Kirschmarmelade bestreichen. Mit einem Drittel der Zucker/Walnussmischung bestreuen. Weiteren Hefeteigteil darauf geben und weiterschichten, bis vier Teigschichten in der Form sind. Die Springform schließen und im Backofen bei 160 Grad ca. 30 Minuten backen.

Kuchen auf einem Kuchengitter auskühlen lassen.

100g dunkle Kuvertüre in einer Metallschüssel über einem warmen Wasserbad schmelzen und eine dünne Schicht auf den Kuchen geben. Wenn die Kuvertüre trocken ist den Kuchen in kleine, etwa 3x3cm große Vierecke schneiden.

Kuckucks Tipp: Beim Schmelzen der Kuvertüre diese nicht zu stark erhitzen, da sie sonst klumpt. Besonders weiße Schokolade ist hier sehr anfällig. Wird die Schokolade vor dem Schmelzen in kleine Stücke gehackt, so schmilzt sie im Wasserbad schneller und gleichmäßiger.

Schwarzwald Cup – wer zuerst im Ziel ist wird verspeist

Schwäbisch-Badisches Schneckenrennen

KUCK ins WEB

Hefeteig (Grundrezept)

50g Butter	in einen Topf geben und schmelzen.
250ml Milch	zugeben und lauwarm erwärmen.
30g Zucker	
1 EL Vanillezucker	zugeben und
½ Würfel Hefe	in der lauwarmen Milch auflösen.
400g Mehl	in eine große Schüssel geben.
½ TL Salz	und Abrieb einer
½ Bio-Zitrone	zugeben. Die Milch-Hefemischung zugeben und zu einem festen Teig verkneten. An einem warmen Ort eine Stunde gehen lassen. Den Teig dritteln.

Schwäbische Nussschnecke   *ca. 10 Schneck*

50g gem. Haselnüsse	und
50g gem. Mandeln	in einer Pfanne kurz anrösten.
50g Butter	
40g Zucker	und
½ TL Zimt	zugeben und kurz mit den Nüssen anrösten.
1 EL Rum	(weglassen wenn Kinder mitessen) und
2-4 EL Milch	zugeben, bis die Masse eine homogene Konsistenz hat.
	1/3 des obigen Hefeteiges ausrollen, etwa 50x20cm. Mit flüssiger
Butter	bestreichen und den Teig an der langen Seite 2cm einschlagen. Die Füllung auf dem Teig verteilen, an der eingeschlagenen Seite etwas frei lassen. Den Teig von der gegenüberliegenden Seite her einrollen und die Rolle in etwa 2cm dicke Scheiben schneiden. Die Schnecken auf ein Backpapier legen. Das eingeschlagene Ende als Kopf der Schnecke etwas aufrollen und leicht einschneiden, sodass die Fühler entstehen. Auf der anderen Seite mit einer Schere leicht einschneiden, sodass die Schnecke ein Schwänzchen bekommt. Bei 160 Grad ca. 12 Minuten backen.
100g Puderzucker	mit
2-3 EL Zitronensaft	mischen und etwas Zuckerguss herstellen. Die Schnecken damit leicht glasieren. Aus festerem Zuckerguss den Schnecken zwei Augen geben.

Badische Mohnschnecken   *ca. 10 Schneck*

1 EL Speisestärke	in etwas kaltem Wasser auflösen und mit
100g gem. Mohn	und
200ml Milch	in einen Topf geben und kurz aufkochen lassen.
40g Butter	
1 EL Vanillezucker	
2 EL Honig	
2 EL Zucker	zugeben und alles verrühren.
	Mit dem Teig wie im zweiten Abschnitt der Nußschnecken oben verfahren.

Flachswickel   *ca. 10 Wickel*

	Den Hefeteig zu etwa 15cm langen und 1,5cm dicken Strängen rollen. Diesen über einen Finger legen und die Enden miteinander verdrehen. Mit
1 Eigelb	verquirlt bestreichen. Mit
Hagelzucker	bestreuen und im Ofen bei 170 Grad ebenfalls ca. 12 Minuten backen.

Kuckucks Tipp: Die Fähnchen der Zuschauer (Flachswickel) finden Sie auf unserer Internetseite www.schwarzwaelder-minis.de zum Download.

Herrgott´s Bscheiserle mal süß

Süße schwäbische Maultaschen mit Rahmkäsefüllung und Beerengrütze

ca. 10 Portionen

7-10

Brombeere

Süße Maultaschen mit Rahmkäsefüllung

Für die Füllung:

250g Rahmkäse	in eine Schüssel bröseln,
200g Frischkäse	
2 Eigelb	
2 EL Zucker	und
2 EL Vanillezucker	unterrühren. Füllung bis zur Verarbeitung kalt stellen.

Einen Teil des Nudelteiges (siehe unten) dünn auf einer bemehlten Arbeitsfläche ausrollen. Im Abstand von ca. 10cm mehrere kleine Häufchen Füllung setzen. Drumherum den Teig mit etwas verquirltem

1 Eiweiß	einpinseln. Eine zweite dünne Teigplatte ausrollen und locker über die Füllungen legen. Mit einem Teigrädchen die Maultaschen zuschneiden und die Ränder beispielsweise mit einer Gabel festdrücken, sodass die Maultaschen fest verschlossen sind. Die Maultaschen in einem Topf in leicht siedendem Wasser mit
3 EL Zucker	etwa 5-10 Minuten kochen lassen.
	Maultaschen mit Beerengrütze und etwas geschmolzener
Butter	servieren.

Nudelteig (Grundrezept)

400g Mehl	mit
2 EL Zucker	und
1 Prise Salz	mischen, als Häufchen auf die Arbeitsfläche geben und in die Mitte eine Mulde drücken.
4 Eier	und
4 EL Öl	in die Mulde geben und von innen heraus zu einem festen Nudelteig verarbeiten. Eventuell noch 1 oder 2 EL Wasser zugeben. Den Teig zu einer Kugel formen, diese leicht einölen und in Frischhaltefolie einwickeln. Eine Stunde im Kühlschrank ruhen lassen.

Beerengrütze

100g Zucker	mit
100ml Rotwein	(wenn Kinder mitessen ohne Alkohol – stattdessen nur 200ml Kirschsaft) und
100ml Kirschsaft	aufkochen.
200g Himbeeren	
200g Brombeeren	und
100g Johannisbeeren	zugeben, kurz erwärmen.
1 EL Speisestärke	in
2cl Wasser	glattrühren und zu den Beeren geben. Kurz aufkochen lassen und von der Hitze nehmen.

Kuckucks Tipp:

Zu den Maultaschen schmeckt sehr gut das Mandelcrunch von Seite 216.

Den Stachel gezogen

Stachelbeer-Biskuitterrine

1 Terrine

Schokobiskuit

2 Eiweiß	zusammen mit
1 EL Wasser	(kalt) und
1 Prise Salz	steif schlagen und beiseite stellen.
2 Eigelb	zusammen mit
50g Zucker	schaumig rühren.
35g Mehl	mit
¼ TL Backpulver	
1 TL Speisestärke	und
1 TL Kakao	mischen, zu den Eigelben sieben und verrühren. Den Eischnee vorsichtig unterheben.

Ein Backpapier zuschneiden (auf die Größe einer Terrinenform) und die Teigmasse dünn daraufstreichen.
Den Teig im Backofen bei 190 Grad ca. 7 Minuten backen.
Anschließend die Terrinenform mit dem noch warmen Biskuit (mit Backpapier nach unten) auslegen.

Für die Füllung:

4 Blatt Gelatine	5 Minuten in kaltem Wasser einweichen.
250g Joghurt	in eine Schüssel geben und mit
3 EL Zucker	
1 TL Vanillezucker	und
1 EL Zitronensaft	vermischen.

Die eingeweichte Gelatine ausdrücken und in einem kleinen Topf bei wenig Hitze zum Schmelzen bringen.
3 EL der Joghurtmasse einrühren und dann die Gelatinemasse unter den restlichen Joghurt rühren.

250g Sahne	steif schlagen und unter die Joghurtmasse heben.
Stachelbeeren	
Johannisbeeren	und
Heidelbeeren	nach Belieben zur Joghurtmasse hinzufügen. Die Masse in die mit dem Biskuit ausgelegte Terrinenform geben.

Die Terrine für mindestens 4 Stunden in den Kühlschrank stellen.

Terrine vorsichtig aus der Form lösen, aufschneiden und mit Puderzucker bestreuen.

Kuckucks Tipp: Falls die Joghurtmasse für die Terrinenform nicht ausreicht, kann die Beerenmenge einfach erhöht werden. Natürlich kann auch anderes Obst nach Belieben verwendet werden.

Weihnachtliche Vorfreude
Linzer-Röschen

`ca. 20-25 Stück`

250g Mehl	in eine große Schüssel sieben.
125g gem. Haselnüsse	
125g Zucker	
125g Margarine	
1 Ei	(alternativ 1 EL Sojamehl und 2 EL Wasser)
2 EL Kirschwasser	
1 EL Kakao	
½ TL Zimt	
1 Prise Nelke	und
½ Pck. Backpulver	zugeben und zu einem festen Teig verarbeiten. Diesen in Frischhaltefolie einwickeln und über Nacht im Kühlschrank ruhen lassen.

Den Teig auf einer bemehlten Arbeitsfläche etwa 3mm dick ausrollen. Mit einem Teigrad Streifen von etwa 2cm Breite und 10cm Länge zurechtschneiden. Diese dünn mit

Himbeermarmelade bestreichen. Die Streifen zu Rollen aufdrehen und am unteren Ende etwas zusammendrücken - so gehen sie oben etwas auseinander und es entsteht eine Rosenform. Die Röschen dann in kleine Backpapierförmchen oder in eine Minibackform setzen und im Backofen bei 160 Grad ca. 15 Minuten backen.

Auf einem Kuchengitter auskühlen lassen.

Kuckucks Tipp: Die Linzerröschen schmecken besser, wenn sie ein paar Tage luftdicht verschlossen aufbewahrt und durchgezogen sind.

Frisch und fruchtig für heiße Tage

Johannisbeer-Mohntörtchen

ca. 15-25 Stück

6-8

Johannisbeere

Mohntörtchen

250g Butter	(zimmerwarm) mit
200g Zucker	und
1 EL Vanillezucker	schaumig rühren.
250g Mehl	mit
100g gem. Mandeln	
100g gem. Mohn	
50g Speisestärke	
1 EL Backpulver	und Abrieb von einer
½ Bio-Zitrone	in einer Schüssel mischen.
4 Eier	abwechselnd mit der Mehlmischung zur schaumigen Butter geben.
8 EL Milch	zugeben und unterrühren.

Den Teig auf ein gefettetes Backblech oder Kuchenform geben. Nach Belieben können bereits jetzt

250g Johannisbeeren auf den Teig gegeben werden. Im Backofen bei 170 Grad ca. 15-20 Minuten backen.
Aus der Form nehmen und auf einem Kuchengitter auskühlen lassen.

5 Blatt Gelatine	5 Minuten in kaltem Wasser einweichen.
250g Magerquark	zusammen mit
40g Zucker	
1 EL Vanillezucker	und
1 EL Zitronensaft	in einer Schüssel mischen.

Die Gelatine ausdrücken und in einem warmen Topf schmelzen. 3 EL von der Quarkmasse zugeben. Die Gelatinemasse unter die restliche Quarkmasse rühren.

200ml Sahne steif schlagen und vorsichtig unter die Quarkmasse heben.

Den fertigen Kuchen mit mehreren Anrichtringen ausstechen und in den Ringen belassen. Etwas von der Quarkmasse daraufgeben und im Kühlschrank stocken lassen.

Für das Gelee:

4 Blatt Gelatine	5 Minuten in kaltem Wasser einweichen.
250g Johannisbeeren	zusammen mit
5 EL Zucker	in einem Topf ca. 10 Minuten köcheln lassen.

Durch ein Sieb in eine Schüssel streichen.
Die Gelatine ausdrücken, unter die heißen Beeren rühren und etwas abkühlen lassen. Kurz bevor es zu gelieren beginnt, eine dünne Schicht auf die Törtchen geben und erneut im Kühlschrank fest werden lassen.
Die Törtchen vorsichtig aus den Ringen nehmen und mit einigen frischen Johannisbeeren anrichten.

Kuckucks Tipp: Wer nicht so viele Anrichtringe hat oder sich die Zeit sparen möchte, kann den Kuchen auch mit einem Messer viereckig zurechtschneiden. Ebenfalls alternativ können in das warme Johannisbeergelee noch frische Johannisbeeren hineingegeben werden.

Vom Schwarzwald bis ans „Schwarze Meer"

Donauwellen-Pralinen und Cake Pops von der Donau

Donauwellen-Praline

ca. 25-30 Pralir

250g Butter	(zimmerwarm) mit
200g Zucker	und
1 EL Vanillezucker	so lange schaumig rühren, bis die Masse hell wird. Nach und nach
5 Eier	hinzugeben und unterschlagen.
350g Mehl	mit
2 TL Backpulver	mischen und auf die Masse sieben.
5 EL Milch	ebenfalls zugeben und alles zu einem homogenen Teig verarbeiten. Sollte der Teig noch zu fest sein, weitere Milch hinzugeben.

Ein tiefes Backblech einfetten, die Hälfte des Teiges hineingeben und glattstreichen. Zum restlichen Teig

2 EL Kakao	und
2 EL Kirschwasser	geben und gut durchrühren. Diesen dunklen Teig dann als zweite Schicht auf dem hellen Teig verteilen.
2 Gläser Schattenmorellen	absieben und die Kirschen einzeln auf dem Teig verteilen und etwas in den Teig drücken.

Den Kuchen bei 160 Grad ca. 30 Minuten im Ofen backen.
Auf einem Kuchengitter auskühlen lassen.

Mit einem runden Ausstecher (Durchmesser ca. 5cm) Kreise aus dem Kuchen stechen. Die Teigreste für die Cake Pops aufheben.

Für die Buttercreme:

250g Butter	(zimmerwarm) schaumig rühren.
500g Vanillepudding	(fertig oder nach Rezept auf Seite 154) esslöffelweise in die aufgeschlagene Butter einrühren. Der frische Pudding soll hierfür abgekühlt sein. Ca. 2/3 der so entstandenen Buttercreme in einen Spritzbeutel geben und auf die ausgestochenen Teigkreise spritzen. Den Rest für die Cake Pops aufheben. Die Pralinen mit geschmolzener
dunkle Kuvertüre	verzieren.

Cake Pops von der Donau

ca. 20 Cake Po

Die Kuchenreste der Donauwelle zerbröseln, mit der restlichen Buttercreme vermischen und zu Kugeln formen. Die Kugeln in geschmolzene

dunkle Kuvertüre   tauchen und auf einem Kuchengitter trocknen lassen.

Wer möchte, kann die Kugeln auch auf Holzstiele stecken und als Lollis servieren.

Kuckucks Tipp: Um Butter schaumig zu schlagen sollten Sie diese mit einem Rührquirl so lange schlagen bis die Butter hell und schaumig ist. Dies kann 10 Minuten oder länger dauern.

Zum Verwechseln ähnlich

Schwarzwälder Schoko-Zäpfle

Honig-Nuss-Rührkuchen

ca. 10 Minikuc

50g Tannenhonig	in einen kleinen Topf geben und zusammen mit
50g Zucker	
50g Butter	
1 EL Kakao	und
1 Msp. Zimt	unter ständigem Rühren solange erwärmen, bis sich der Zucker aufgelöst hat. Vom Herd nehmen und
150ml Milch	und Abrieb einer
½ Bio-Zitrone	unterrühren.
200g Dinkelmehl	mit
50g gem. Haselnüsse	und
1 TL Backpulver	in einer Rührschüssel mischen und mit der Honigmischung zu einem flüssigen Teig verrühren.
2 Eiweiß	steif schlagen und vorsichtig unter den Teig ziehen. Den Teig in eine kleine, eingefettete Backform oder in ein Muffins-Backblech einfüllen und im Backofen bei 180 Grad ca. 25-30 Minuten backen. Die Kuchen auskühlen lassen.

Schwarzwälder Schoko-Zäpfle

ca. 10-12 Zäpfl

Die ausgekühlten Kuchen zerbröseln.

100g Butter	(zimmerwarm) mit
100g Puderzucker	schaumig aufschlagen. Erst
200g Frischkäse	dann die Kuchenbrösel unterrühren.

Die so entstandene feste Masse zu kleinen spitzen Kegeln und länglichen Rollen formen. Dahinein von allen Seiten einzeln, an der Spitze beginnend,
Schokokornflakes hineinstecken, sodass die Optik von Tannenzapfen entsteht.

Die fertigen Tannenzapfen im Kühlschrank durchkühlen lassen. Zum Servieren können die Tannenzapfen auch mit etwas
Puderzucker bestreut werden. So wird es winterlich auf dem Teller.

Kuckucks Tipp: Die Tannenzapfenmasse kann zusätzlich mit etwas Rum oder Kirschwasser verfeinert werden.

Ideale Resteverwertung in der Spargelzeit

Leichte Spargel-Panna Cotta mit Erdbeer-Ragout

ca. 8 Gläser

5-6 Spargel

Spargel-Panna Cotta

200ml Milch	mit
200ml Sahne	und
50g Zucker	in einen Topf geben. Gewaschene
Spargelschalen	und
Spargelabschnitte	von ca. 500g Spargel mit in den Topf geben und bei geschlossenem Deckel 20 Minuten in der Sahne kochen lassen. Die Mischung durch ein Sieb in einen weiteren Topf gießen. Das Mark einer
½ Vanilleschote	und Abrieb einer
¼ Bio-Orange	zugeben und nochmals 10 Minuten bei geschlossenem Deckel köcheln lassen.
1 Prise Salz	zugeben und vom Herd ziehen.
3 Blatt Gelatine	5 Minuten in kaltem Wasser einweichen, ausdrücken und in der noch warmen, aber nicht zu heißen Mischung auflösen.

Etwa 8 Mini-Dessertgläser schräg positionieren, sodass die Panna Cotta in einer schrägen Schicht eingefüllt werden kann. Am besten geht dies, wenn man jeweils in eine Kaffeetasse etwas zerknülltes Küchenkrepp gibt und dort das Dessert-Gläschen schräg hineinstellt. Die Gläser mindestens 2 Stunden in den Kühlschrank stellen, bis die Panna Cotta fest ist.

Erdbeer-Ragout

500g Erdbeeren	waschen und in feine Würfel schneiden. Die Erdbeeren zusammen mit
70g Zucker	in einen Topf geben und leicht erhitzen bis die Erdbeeren Saft ziehen. Mit etwas grob gemahlenem
schwarzer Peffer	würzen und die Erdbeeren vollständig auskühlen lassen. Die feste Panna Cotta aus dem Kühlschrank nehmen, die Gläser aufstellen und die Erdbeeren einfüllen.

Für die Deko:

100ml Sahne	mit
2 EL Zucker	aufschlagen und die Dessertgläser damit garnieren.

Das Gericht empfiehlt sich als Abschluss zu einem leckeren Spargelessen, so können Spargelschalen und Abschnitte auch noch zu einem leckeren Dessert verarbeitet werden. Um die Gelatine schneller stocken zu lassen, empfiehlt es sich, die Panna Cotta für ca. 20 Minuten in das Eisfach zu geben und dann wieder in den Kühlschrank zu stellen.

Kalt und knackig
Schoko-Eiscreme-Schnitte

ca. 10-15 Stück

Schoko-Eiscreme-Schnitte
Für die Blätterteigplatten:
Ein Backblech umdrehen und Backpapier darauf legen.
Das Backpapier mit

Butter	einstreichen und mit Hilfe eines Siebes komplett deckend mit
Puderzucker	bestreuen. Einen der beiden
2 Blätterteige	(fertig) darauf ausbreiten. Mit einer Gabel viele kleine Löcher in den Teig stechen

und den Teig wieder deckend mit Puderzucker bestreuen.
Ein zweites eingebuttertes Backpapier darauf legen und mit einem Backofenrost
beschweren (damit der Teig nicht zu stark aufgehen kann).
Den Blätterteig im Backofen bei 180 Grad ca. 30-40 Minuten backen. Gegen Ende
ab und zu unter das Backpapier schauen. Der Blätterteig sollte eine schöne goldgelbe Farbe haben. Den Teig mit dem Rost beschwert auskühlen lassen.

Mit dem zweiten Blätterteig gleich verfahren. Diesen, solange er noch lauwarm ist,
in kleine Rechtecke (ca. 6x8cm) schneiden.

Den ersten, noch ganzen Blätterteig ca. 2mm dick mit der noch soften Eiscrememasse bestreichen. Die Blätterteig-Rechtecke alle nebeneinander auf die Eiscreme
legen, sodass die komplette Fläche bedeckt ist.
Im Gefrierfach weiter durchfrieren lassen.

Aus dem Gefrierfach holen und mit einem scharfen Messer entlang der
Blätterteig-Rechtecke die Eismasse mit dem unteren Blätterteig durchschneiden.
Die Eiscreme-Schnitten mit Puderzucker bestreuen.

Schokoeis (Grundrezept)

200ml Milch	zusammen mit
200ml Sahne	in einen Topf geben, erwärmen und gehackte
100g dunkle Schokolade	darin auflösen.
4 Eigelb	zusammen mit
80g Zucker	und
1 EL Milch	in einer Metallschüssel über einem heißen Wasserbad schaumig rühren.

Nach und nach die heiße Sahnemischung zugeben und solange rühren, bis die
Masse cremig wird. Dann über Eiswasser die Masse in der Schüssel kaltrühren und
ins Gefrierfach geben. Gelegentlich die Masse im Gefrierfach umrühren damit Luft
in das Eis kommt. Wenn die Masse soft gefroren ist, wie oben beschrieben
weiterverarbeiten.

Kuckucks Tipp:

Wenn es mal schnell gehen muß, kann auch fertige Eiscreme verwendet werden.

Fleißarbeit ist gefragt

Süße Bubenspitzle mit Mohn und Birnen-Ragout

ca. 5-10 Portionen

8-10

Süße Bubenspitzle mit Mohn

800g mehlige Kartoffeln	kochen und ausdampfen lassen. Die Kartoffeln durch ein Sieb drücken und in eine große Schüssel geben. Ein verquirltes
1 Ei	
2 EL Quark	
1 Prise Salz	
1 EL Zucker	
2 EL Speisestärke	und etwa
120g Mehl	zugeben und alles zu einem Kartoffelteig verkneten. Der Teig sollte eine formbare Konsistenz bekommen. Eventuell die Mehlmenge anpassen. Zum Portionieren den Teig zu einer langen Rolle formen und in kleine gleichgroße Stücke schneiden. Die Teigstücke auf einer leicht bemehlten Arbeitsfläche mit den Handballen zu Bubenspitzle formen. Wasser in einem großen Topf aufkochen lassen und 1 EL Salz zugeben. Die Bubenspitzle ins Wasser geben. Wenn sie aufschwimmen, noch etwa 1 Minute weiter im Wasser ziehen lassen. Mit einem Schaumlöffel die fertigen Bubenspitzle aus dem Wasser nehmen und auf Küchenkrepp legen.
2-3 EL Butter	in einer großen Pfanne schmelzen und die Bubenspitzle darin anbraten.
2 EL Puderzucker	zugeben und so lange weiterbraten bis sie leicht Farbe nehmen.
1-2 EL gem. Mohn	zugeben und durchschwenken. Die Bubenspitzle auf dem Birnen-Ragout anrichten.

Birnen-Ragout

5-6 Birnen	schälen, Kerngehäuse entfernen und würfeln.
2 EL Butter	zusammen mit
2 EL Puderzucker	in einer Pfanne erhitzen. Die Birnenwürfel zugeben und darin anbraten. Mit
4cl Williams Christ	flambieren und mit
5cl Weißwein	ablöschen.
2 EL Rosinen	
1 Stück Zimtstange	
3-4cm Vanilleschote	
2 Nelken	und
¼ TL gem. Kardamon	zugeben und so lange garen, bis die Birnen weich sind.
2cl Birnenlikör	und
2 EL Sahne	zugeben. Sollte das Ragout zu viel Flüssigkeit gezogen haben, kann es mit etwas in Wein aufgelöster Speisestärke abgebunden werden. Zimtstange, Vanilleschote und Nelken wieder entfernen.

Kuckucks Tipp: Die Bubenspitzle eignen sich mit ihrer leichten Süße auch als Beilage zu herzhaften Gerichten, beispielsweise zu Wild.

Leise rieselt der Schnee
Schneeballschlacht

Schneegestöber
ca. 10 Gläser

200ml Sahne	mit
50g Zucker	steif schlagen.

250g Magerquark	in eine Schüssel geben und glattrühren.
2 EL Blütenhonig	und
1 EL Vanillezucker	unterrühren. Die geschlagene Sahne vorsichtig unterheben. Zur leichteren Verarbeitung die Masse in einen Spritzbeutel geben. Die Hälfte der Masse als dünne Schicht in mehrere Mini-Gläschen verteilen. Darauf eine Schicht
300g Himbeeren	geben. Den Rest von der Sahne/Quarkcreme darauf verteilen.
100g Meringen	(fertig oder nach Rezept auf Seite 78) in einen Gefrierbeutel geben und mit einem Wallholz zu kleinen Bröseln zerstoßen. Diese als Schnee über die Gläschen geben.

Schneeballen
ca. 10 Stück

4 Eiweiß	zusammen mit
1 Prise Salz	und einem Spritzer
Zitronensaft	in einer großen Schüssel steif schlagen, dabei langsam
1 EL Zucker	einrieseln lassen. Der Eischnee muß sehr steif sein (Schneiden Sie mit einem Messer durch den Eischnee. Er sollte stehen bleiben und nicht mehr zusammenfließen).
1l Milch	mit
2 EL Zucker	in einem großen Topf erwärmen. Die Hitze reduzieren und mit zwei Esslöffel Nocken oder Häufchen aus Eischnee formen und vorsichtig auf die Milch geben, nie zu viele auf einmal. Den Deckel schließen und 3-4 Minuten garziehen lassen. Auf die Wärme achten, die Milch darf auf gar keinen Fall hochkochen. Die fertigen Schneeballen mit einem Schaumlöffel herausnehmen und mit Vanillesoße und frischen Beerenfrüchten servieren.

Vanillesoße (Grundrezept)

½ Vanilleschote	mit einem Messer der Länge nach aufschneiden und das Mark herauskratzen.
½l Milch	zusammen mit dem Mark und dem Rest der Schote kurz aufkochen und 5 Minuten stehen lassen. Danach die Milch durch ein Sieb geben.
4 Eigelb	zusammen mit
80g Zucker	
1 Prise Salz	und 1 EL Milch in eine Metallschüssel geben und die Masse mit dem Schneebesen über einem heißen Wasserbad aufschlagen. Nach und nach die Sahnemischung zugeben und so lange über dem Wasserbad rühren bis die Masse leicht eindickt.

Kuckucks Tipp: Beim Schaumigrühren von Eigelb und Zucker empfiehlt sich immer 1 EL Flüssigkeit, wie z.B. Sahne oder Milch, zuzugeben. So löst sich der Zucker besser auf und die Masse wird schaumiger.

Süßes Betthupferle

Vanilleeis im Schlafrock mit Schokoladensoße

 ca. 12 Portionen

Himbeere
6-9

Vanilleeis im Schlafrock

Mürbeteig (nach Rezept auf Seite 136) zubereiten, etwa 3-4mm dünn ausrollen und etwa 8cm große Kreise ausstechen. Ein Muffins-Backblech einfetten und die Mürbeteigkreise hineinlegen, sodass kleine Förmchen entstehen. Diese bei 180 Grad ca. 10-15 Minuten backen. Die Förmchen auf einem Kuchengitter auskühlen lassen.

Vom Vanilleeis (siehe unten) Kugeln formen und diese nochmals im Gefrierfach anfrieren lassen.

Die Mürbeteigförmchen mit
| Haferflocken | ausstreuen und mit einer Schicht frischen
| Himbeeren | füllen. Jeweils eine Kugel Vanilleeis darauf geben.
| Baisermasse | (nach Rezept auf Seite 58) in einen Spritzbeutel füllen und die Eiskugeln mit der Baisermasse ummanteln. Im Backofen bei 200 Grad ca. 10-15 Minuten backen. Mit der lauwarmen Schokoladensoße begießen und sofort servieren.

Vanilleeis (Grundrezept)

| 200ml Milch | zusammen mit
| 200ml Sahne | und dem Mark von
| 1 Vanilleschote | in einem Topf aufkochen lassen.
| 4 Eigelb | zusammen mit
| 80g Zucker | und
| 1 EL Milch | in einer Metallschüssel über einem heißen Wasserbad schaumig rühren. Nach und nach die heiße Sahnemischung zugeben und solange rühren, bis die Masse cremig wird. Die Masse in der Schüssel über Eiswasser kaltrühren und im Gefrierfach gefrieren lassen. Gelegentlich die Masse im Gefrierfach umrühren damit Luft in das Eis gelangt.

Schokoladensoße (Grundrezept)

| 170ml Wasser | zusammen mit
| 125g Zucker | und dem Mark einer
| ½ Vanilleschote | in einem Topf erhitzen und 5 Minuten kochen lassen.
| 200g dunkle Kuvertüre | (mit hohem Kakaogehalt) hacken, zugeben und weiterkochen, bis die Schokolade sich komplett verflüssigt hat.
| 75g Butter | portionsweise mit einem Mixstab unterrühren.
| 3cl Kirschwasser | zugeben und die Soße lauwarm servieren.

Kuckucks Tipp: Wer eine Eismaschine zur Verfügung hat, kann selbstverständlich das Eis darin zubereiten. Das spart Arbeit und die Eismasse wird noch cremiger.

Schnaps das war sein letztes Wort...
Betrunkener Kirsch-Michel

ca. 8-10 Stück

300ml Milch	in einem Topf erwärmen. Vom Herd nehmen.
4 altbackene Brötchen	in dünne Scheiben schneiden und in der Milch einweichen.
60g Butter	(zimmerwarm) mit
150g Zucker	schaumig rühren. Nach und nach
3 Eigelb	zugeben und ebenfalls schaumig rühren.
100g Mandelstifte	
1 TL Zimt	
1 Msp. Nelke	
2-4cl Kirschwasser	und Abrieb einer
½ Bio-Zitrone	zugeben.
3 Eiweiß	steif schlagen und unter die Masse heben.
	Jeweils in feuerfeste Mini-Auflaufformen ein Schnapsglas stellen und um das Schnapsglas in Ringform den Brötchenteig verteilen und leicht andrücken.
500g Kirschen	entsteinen und jeweils einige Kirschen in den Teig drücken.
	Das Schnapsglas mit einer leichten Drehbewegung wieder entfernen.
	Im Backofen bei 180 Grad ca. 20-25 Minuten backen.
	Den Kirschmichel mit
Puderzucker	bestreuen und in den noch warmen Michel die Schnapsgläser wieder in ihre alte Position hineindrücken.
	In jedes Schnapsglas eine
Kirsche	geben und mit
Kirschwasser	auffüllen.

Kuckucks Tipp: Kirschmichel ist ein Hit für Kids, allerdings für die Kleinen ohne Alkohol, stattdessen mit Kirschsaft im Teig und im Glas.

Wer geistert so spät durch den schwarzen Wald?
Wibele und Waldgeister

Wibele
ca. 40-60 Stück

4 Eiweiß	in einer großen Schüssel zu einem sehr festen Eischnee schlagen.
150g Puderzucker	und
150g Mehl	auf den Eischnee sieben.
1 EL Vanillezucker	und
1 Prise Salz	zugeben und alles vorsichtig unter den Eischnee heben.

Die Masse sollte zähflüssig sein. Eventuell mehr oder weniger Mehl zugeben.
Die Masse in einen Spritzbeutel mit einer Lochtülle füllen und auf ein Blech mit Backpapier jeweils zwei Tupfer von ca. 1,5cm dicht aneinandersetzen, sodass die typische Wibele-Form entsteht. Eine Schablone können Sie sich auf unserer Internetseite **www.schwarzwaelder-minis.de** herunterladen. Die Wibele über Nacht auf dem Backpapier trocknen lassen, sodass sie eine leichte Haut bekommen.

Am nächsten Tag die Wibele im Backofen bei 150 Grad ca. 10-15 Minuten backen. Sie sollten nur ganz leicht Farbe bekommen.
Sollten sie nach dem Abkühlen noch kleben, nochmals bei 60-80 Grad im Ofen für 1-2 Stunden trocknen lassen.

Wibele sind ein leckerer Knabberspaß.

Waldgeister
ca. 20 Stück

Für die Schokocreme:

100g dunkle Kuvertüre	klein hacken und in einer Metallschüssel über einem warmen Wasserbad schmelzen.
70g Sahne	zugeben, beides zu einer homogenen Masse verrühren und etwas abkühlen lassen.
250g Frischkäse	mit
40g Puderzucker	und
2 EL Kakao	glattrühren und die Schokomasse unterrühren.

Die Masse in einen Spritzbeutel füllen.

Auf die Rückseite von je einem Wibele etwas Schokocreme spritzen.
Einen Plastik- oder Holzstiel in die Masse drücken und ein zweites Wibele darauflegen und etwas andrücken.
Im Kühlschrank 30 Minuten kalt stellen.

weiße Kuvertüre	klein hacken und in einer Metallschüssel über einem warmen Wasserbad schmelzen. Mit einem Pinsel den Waldgeistern ein weißes Gesicht malen. Als Augen und Mund eignen sich Schokoperlen und Schokostifte.

Kuckucks Tipp: Die Lolli-Stiele gibt es im Haushaltswarenhandel.
Als Ständer eignet sich ein Stück Holz, in welches ein paar Löcher gebohrt werden.

Ein Klassiker mal als süße Variante
Süße schwäbische Käsespätzle mit Erdbeersoße

ca. 5 Portionen

Erdbeere
5-7

Süße Quark-Spätzle (Grundrezept)

150g Mehl	in eine Schüssel sieben.
100g Magerquark	
2 Eier	
50ml Milch	
2 EL Zucker	und
1 Prise Salz	zugeben und mit einem Kochlöffel zu einem Spätzleteig schlagen, bis er Blasen wirft. Diesen 15 Minuten ruhen lassen und mit einem Spätzlebrett und einem Spätzleschaber in schwach siedendes Wasser mit etwas Zucker schaben (Alternativ geht es auch mit einer Spätzlepresse). Die Spätzle mit einem Schaumlöffel herausnehmen und kurz in kaltem Wasser abschrecken. Spätzle in ein Sieb geben und abtropfen lassen.

Käsespätzle

Die Quarkspätzle in kleine feuerfeste Mini-Förmchen verteilen.

250g Rahmkäse	verkrümeln und darübergeben. Mit etwas
Puderzucker	bestreuen und im Backofen unter dem Grill gratinieren. Aus dem Ofen nehmen, warme Erdbeersoße (siehe unten) daraufgeben und servieren.

Erdbeersoße (Grundrezept)

2 EL Zucker	in einem Topf erhitzen und zum Karamellisieren bringen. Mit
50ml Spätburgunder	ablöschen.
200g Erdbeeren	waschen und vom Strunk befreien. In einem Mixer fein pürieren und zum Wein in den Topf geben.
½ TL Speisestärke	in
2cl Himbeerlikör	klümpchenfrei auflösen, in den Topf geben und kurz aufkochen lassen.

Kuckucks Tipp: Die süßen Quarkspätzle schmecken auch hervorragend mit Schokoladensoße von Seite 104 und frischen Früchten.

Herbstliches Duo
Kürbis-Karotten-Schnitten und Cupcakes mit Ingwer

Kürbis-Karotten-Kuchen (Grundrezept)

150g Muskatkürbis	und
100g Karotten	schälen, reiben oder im Mixer fein zerkleinern. Abrieb von
1 Bio-Orange	sowie Saft und Abrieb von
1 Bio-Zitrone	zugeben.
2cl Kirschwasser	(kann auch weggelassen werden) zugeben.
100g gem. Mandeln	
100g gem. Walnüsse	
100g Mehl	
2 TL Backpulver	
1 TL gem. Zimt	und etwas
gem. Nelke	miteinander in einer Schüssel mischen und zugeben.
6 Eiweiß	mit 2 EL kaltem Wasser steif schlagen und dabei langsam
150g Zucker	einrieseln lassen. Unter den Eischnee erst
6 Eigelb	unterziehen, dann vorsichtig die Nuss/Mehlmischung unterheben und zum Schluß die Kürbis/Karottenmischung unterheben.

Kürbis-Karotten-Schnitten   ca. 20-25 Stück

Mürbeteig	(nach Rezept auf Seite 136) als dünnen Boden in eine ausgefettete Springform geben. Darauf dünn eine Schicht
Kirschmarmelade	verteilen. Etwa 2/3 der obigen Teigmasse darauf geben und im Backofen bei 160 Grad etwa 45 Minuten backen. Abkühlen lassen und den Kuchen in kleine Vierecke schneiden.
5 EL Zucker	mit 1 EL Wasser in einer Pfanne erhitzen und zum Karamellisieren bringen.
5 EL Kürbiskerne	hineingeben, kurz darin anrösten und auf Backpapier zum Auskühlen geben. Die ausgekühlten Kürbiskerne grob hacken.
100g Zucker	mit dem Saft einer ausgepressten
½ Orange	verrühren und die so entstandene Zuckerglasur auf den Kuchenstücken verteilen und mit den gehackten Kürbiskernen bestreuen.

Mini-Kürbis-Karotten Cupcakes mit Ingwer   ca. 15-20 Stück

	Das restliche Drittel der obigen Teigmasse in Mini Cupcakes-Backformen oder Mini-Muffins-Backformen füllen und bei 160 Grad ca. 30 Minuten backen. Mit dem unten beschriebenen Topping verzieren. Etwas
kandierter Ingwer	klein schneiden und darüber geben.

Orange-Frischkäse-Topping

100g Butter	(zimmerwarm) in einer Schüssel schaumig rühren. Wenn sie schaumig ist,
100g Puderzucker	und
1 TL Vanillezucker	nach und nach langsam einrieseln lassen. Etwa
1 TL Orangensaft	zugeben und weiter schaumig rühren. Langsam den
100g Frischkäse	unterarbeiten.

Kuckucks Tipp: Beim Zitronenabrieb darauf achten, dass nur die gelbe Schale der Zitrone verwendet wird, da das Weiß der Zitrone einen bitteren Geschmack hat.

Saftige, leckere Früchtchen

Zwetschgendatschi und Aprikosenknödel

Hefeteig (Grundrezept)

50g Butter	in einen Topf geben und schmelzen.
250ml Milch	zugeben und lauwarm erwärmen.
30g Zucker	und
1 EL Vanillezucker	zugeben.
½ Würfel Hefe	in der lauwarmen Milch auflösen.
400g Mehl	in eine große Schüssel geben,
½ TL Salz	und Abrieb einer
½ Bio-Zitrone	zugeben. Die Milch-Hefemischung zugeben und zu einem Hefeteig verkneten. An einem warmen Ort eine Stunde gehen lassen. Den Hefeteig halbieren.

Zwetschgendatschi *ca. 12 Stück*

Eine Hälfte des Hefeteiges auf einer bemehlten Arbeitsfläche ca. 5mm dick ausrollen. Mit einem Ausstecher Kreise in einem Durchmesser von ca. 10cm ausstechen.
Eine Muffins-Backform ausfetten und mit den Teigkreisen auslegen.

500g Zwetschgen	entsteinen und vierteln. Die Zwetschgenviertel in die Muffinsform stellen und die Streusel darüber verteilen. Im Backofen bei 170 Grad ca. 20-25 Minuten backen.

Für die Streusel:

40g Butter	(kalt)
40g brauner Zucker	
70g Mehl	und
1 Prise Zimt	miteinander verkneten und verkrümeln.

Aprikosenknödel *ca. 10 Stück*

10 Aprikosen	waschen, am Stück in den Hefeteig einhüllen und zu einer geschlossenen runden Kugel formen. Diese in
Mehl	wenden und durch verquirltes
1 Ei	ziehen. Dann in
Weckmehl	panieren. Die Knödel in
Frittierfett	ausbacken. Die fertigen Knödel auf Küchenkrepp entfetten. Mit einem Messer mittig aufschneiden und den Kern der Aprikose herausnehmen.
100ml Sahne	mit
2 EL Zucker	steif schlagen und die Aprikosenhälften damit füllen.

Kuckucks Tipp: Wer keinen Ausstecher im Durchmesser von 10cm hat, kann die Kreise auch kleiner ausstechen und danach mit dem Wallholz größer ausrollen.

Da ist der Schoppen schon eingebaut

Beschwipste Birne im Biskuitbett

8 Törtchen

8-10 Birne

Biskuitböden (Grundrezept)

50g Mehl	in eine Schüssel geben und mit
25g Speisestärke	und
½ TL Backpulver	mischen.
2 Eiweiß	mit
1 Prise Salz	und kaltem
1 EL Wasser	zu einem festen Eischnee schlagen. Dabei langsam
75g Zucker	einrieseln lassen. In den steifen Eischnee nacheinander
2 Eigelb	unterrühren.
2 EL Öl	Mit einem Schneebesen vorsichtig die Mehlmischung unterrühren und zuletzt unterarbeiten. Den Teig in gut gefettete Mini-Tortenbodenformen geben und im Backofen bei 170 Grad ca. 15 Minuten backen. Biskuitböden noch warm aus der Form nehmen und auskühlen lassen.

Beschwipste Birne

8 kleine Birnen	(nicht zu weiche) mit einem Kerngehäuseausstecher von unten in die Birne bis zur Hälfte hineinstechen und das Kerngehäuse lösen (Das Kerngehäuse kann drin bleiben, nach dem Kochen löst es sich fast von alleine). Die Birnen schälen.
500ml Spätburgunder	mit
8cl Williams Christ	
200g Zucker	und
1 Vanilleschote	in einen Topf geben. Die Birnen darin weich kochen und in dem Sud auskühlen lassen. Das Kerngehäuse entfernen und die Birne von der Mitte nach unten mehrfach alle 5mm einschneiden, sodass ein Birnenfächer entsteht.

Weißweincreme

150ml Weißwein	in einen Topf geben.
100ml Sahne	und
50ml Milch	zugeben und kurz aufkochen.
70g Zucker	mit
1 EL Vanillezucker	und
30g Speisestärke	in einer kleinen Schüssel mischen. Mit
2 Eigelb	und
50ml Milch	klumpenfrei verrühren. Etwas von der heißen Milch zugeben und verrühren. Die Masse zu der restlichen heißen Milch in den Topf geben und einmal kurz aufkochen lassen. Etwas abkühlen lassen und auf den Biskuitböden verteilen. 30 Minuten kalt stellen.

Die beschwipste Birne auf den Törtchen anrichten.

Kuckucks Tipp: Damit sich der Biskuitboden besser aus der Form löst, kann nach dem Ausfetten ein zugeschnittener Backpapierkreis in die Mitte der Backform gelegt werden.

Mit Käse lockt man Mäuse
Hefe-Nougat-Mäuse und Käsewürfelchen

Hefe-Nougat-Mäuse
ca. 6-8 Mäuse

100ml Milch	in einen Topf geben und leicht erwärmen.
25g Butter	darin schmelzen. Abkühlen lassen, bis die Milch nur noch lauwarm ist, danach
½ Würfel Hefe	darin auflösen.
30g Zucker	zugeben und 20 Minuten ruhen lassen.
250g Mehl	in eine Schüssel geben und die Hefemilch, Abrieb von
½ Bio-Zitrone	
1 EL Vanillezucker	
1 Ei	und
1 Prise Salz	zugeben, alles zu einem festen Teig verarbeiten. Diesen abgedeckt eine Stunde gehen lassen.

Vom Teig jeweils eine kleine Kugel von ca. 4cm Durchmesser abnehmen und in die Mitte eine Kuhle drücken. Etwa 1 EL schnittfestes

1 Pck. Nussnougat	in die Kuhle geben und den Teig verschließen, sodass die Kugel wieder geschlossen ist und das Nougat den Kern bildet. Die Kugel so formen, dass sie auf einer Seite spitz zuläuft und die Form der Mäuse entsteht. Diese auf ein Backblech mit Backpapier setzen und mit verquirltem
1 Eigelb	bestreichen.
Mandelkerne	halbieren und als Ohren in die Mäuse stecken. Aus
Hagelzucker	zwei Augen und aus dem Restteig einen Schwanz formen. Die Mäuse im Backofen bei 160 Grad ca. 20-30 Minuten backen.

Käsewürfelchen
ca. 30-40 Würf

Mürbeteig	(nach Rezept auf Seite 136, halbe Rezeptmenge) Den Boden einer eckigen, eingefetteten Springform dünn mit dem Teig auskleiden. Backpapier darauf geben und einige trockene Hülsenfrüchte zum Blindbacken darauf geben. Im Backofen bei 160 Grad ca. 15 Minuten backen. Backpapier und Hülsenfrüchte wieder entfernen.
50g Butter	in einem Topf schmelzen und wieder leicht abkühlen lassen. Mit
250g Quark	
50g Zucker	
50g Hartweizengrieß	
80ml Milch	
3 Eigelb	
1 EL Kirschwasser	und
½ TL Backpulver	in einer Schüssel verrühren. Saft und Abrieb einer
½ Bio-Zitrone	zugeben.
3 Eiweiß	steif schlagen und vorsichtig unter die Masse heben. Die Masse auf dem Mürbeteigboden verteilen und im Backofen bei 160 Grad ca. 40-50 Minuten backen. Den so entstandenen Kuchen zum Auskühlen auf ein Kuchengitter geben. Nach dem Auskühlen in kleine Käsewürfel aufschneiden.

Kuckucks Tipp: Aus dem Hefeteig können auch andere lustige Tiere und Formen gebacken werden, der Kreativität sind hier keine Grenzen gesetzt.

Vielleicht die kleinste der Welt!

Schwarzwälder Kirschtorte

ca. 20 Stück

Kirsche 6-8

	Für die Biskuitböden:
3 Eier	in eine Küchenmaschine geben und etwas aufschlagen.
80g Zucker	und
2 EL Vanillezucker	zugeben und alles etwa 10 Minuten sehr schaumig aufschlagen.
50g Mehl	zusammen mit
25g Speisestärke	
15g Kakao	und
1 Prise Salz	vermischen und durchsieben.
	Die Mehlmischung zusammen mit
2 EL Kirschwasser	und
3 EL Mineralwasser	zu den Eiern geben und vorsichtig unterrühren. Ein Backblech mit Backpapier auslegen und den Teig dünn und gleichmäßig darauf verteilen. Im Backofen bei 160 Grad ca. 8-10 Minuten backen. Der Biskuit soll fest, aber nicht trocken sein.

Den Biskuit aus dem Ofen nehmen und direkt mit einer zweiten Lage Backpapier abdecken. Den Teig mit dem Backpapier umdrehen und die jetzt oben liegende Lage Backpapier abziehen und lose wieder darauf legen. Alles mit einem Küchenhandtuch abdecken und 15 Minuten auskühlen lassen. Aus dem Biskuit etwa 60 Kreise mit einem Durchmesser von ca. 3cm ausstechen.

	Für die Kirschfüllung:
300ml Kirschsaft	(Kirschen eventuell selbst entsaften) mit
1 Zimtstange	aufkochen und etwa auf 2/3 einreduzieren lassen.
20g Speisestärke	mit kaltem
2 EL Wasser	verrühren und zum Kirschsaft geben. Kurz aufkochen und abkühlen lassen. Den abgekühlten Kirschsaft in eine kleine Quetschflasche mit dünner Spitze füllen.
	Die Biskuitkreise kurz in etwas
Kirschwasser	tränken. Jeweils drei Biskuitkreise mit je einer dünnen Schicht Kirschfüllung dazwischen aufeinander stapeln. Dann mittig je einen Zahnstocher hineinstecken und im Gefrierschrank 30 Minuten gefrieren lassen.
200g Sahne	mit
1 EL Zucker	und
1 Pck. Sahnesteif	steif schlagen. In einen Spritzbeutel mit flacher Tülle geben.
dunkle Schokolade	mit einem Sparschäler fein raspeln.

Die angefrorenen Biskuittürmchen seitlich und oben dünn mit der Sahne ummanteln. Hierfür am Zahnstocher halten. Die Biskuittürmchen waagerecht halten und die Seiten mit den Schokoraspel bestreuen.
Wenn der Biskuit etwas angetaut ist, den Zahnstocher wieder vorsichtig entfernen und die Kirschtorte oben mit einigen Tupfern Sahne und jeweils einem kleinen Tropfen der Kirschfüllung garnieren.
Oben in die Mitte ein paar Schokoraspel geben.

Kuckucks Tipp: Schokoraspel nicht mit den Händen anfassen, da die Schokolade sonst direkt schmilzt. Mit einem kleinen Teelöffel die Schokoraspel auf der Minitorte verteilen.

Schmeckt nach unbeschwerter Kindheit

Bratapfeltraum

Bratapfel im Schlafrock

ca. 10 Stück

3 Äpfel	schälen, das Kerngehäuse entfernen und in kleine Würfel schneiden.
3 EL Zucker	in einer Pfanne mit 1 TL Wasser erhitzen und karamellisieren lassen.
2 EL Margarine	zugeben. Die Äpfel und
2 EL Rosinen	darin anbraten. Mit
1 TL Zimt	und
1 Prise Nelken	würzen. Die Äpfel mit
2cl Calvados	flambieren und abkühlen lassen. Etwa ein Drittel der Apfelmasse für das nächste Rezept beiseite stellen. Ein Blatt
Strudelteig	(fertig) auf die Arbeitsfläche legen und mit
Pflanzenöl	bepinseln. Ein weiteres Blatt Strudelteig darauf geben und so lange weiterschichten bis 4 Schichten entstanden sind. Diese in Rechtecke (ca.12x12cm) schneiden und jeweils 2 EL Apfelmasse daraufgeben. Den Teig oben und unten einschlagen und zu Bonbons formen. Mit Pflanzenöl bestreichen und einige
Mandelblättchen	darauf streuen. Bei 180 Grad etwa 15 Minuten im Backofen goldgelb backen. Abkühlen lassen und mit
Puderzucker	bestreuen.

Bratapfel in Schichten

ca. 5-7 Stück

½ Vanilleschote	längs halbieren, das Mark auskratzen und zusammen mit der Schote in
200ml Milch	und
20g Zucker	aufkochen lassen. Vanilleschote wieder entfernen.
20g Weichweizengrieß	einrühren und 5 Minuten auf niedriger Hitze quellen lassen. Abkühlen lassen,
200g Magerquark	und
1 EL Honig	unterrühren. Je eine Schicht in ein Mini-Glas geben und eine Schicht Bratapfelstücke darauf verteilen. Wieder eine Schicht Creme und einige
gebrannte Mandeln	(fertig oder nach Rezept auf Seite 166) darauf verteilen.

Bratapfel mit Baiser

8 Stück

4 Äpfel	waschen und das Kerngehäuse mit einem Ausstecher entfernen. Mit einem kleinen Küchenmesser die Äpfel mittig zackenförmig einschneiden, sodass zwei etwa gleichgroße Apfelhälften entstehen. Damit es noch einfacher geht finden Sie dazu eine Schablone zum Ausdrucken, die Sie um den Apfel legen können auf **www.schwarzwaelder-minis.de**
Butterflocken	auf den Apfelhälften verteilen.
1 EL Zimt	und
3 EL Zucker	mischen und auf die Äpfel streuen. Im Backofen 15 Minuten bei 170 Grad backen.
2 Eiweiß	steif schlagen und langsam
3 EL Puderzucker	unterschlagen. Den Eischnee in einen Spritzbeutel füllen. Die Bratäpfel aus dem Ofen nehmen und in die Mitte jeweils einen großen Klecks Eischnee geben, dann im Backofen so lange backen bis der Eischnee Farbe bekommt.

Kuckucks Tipp: Im Handel gibt es auch V-förmige Messer mit denen man die Bratäpfel zackenförmig zuschneiden kann.

Von Arm kann hier keine Rede sein

Armer Schwarzwaldbauer mit Vanillesoße

ca. 8 Bauern

9–11 Hagebutte

Armer Schwarzwaldbauer

500g Schwarzbrot	(trocken) in einem Mixer zerkleinern.
50g Rosinen	in einem Schüsselchen in
5cl Kirschwasser	etwa eine Stunde einweichen.
100g Margarine	zusammen mit
150g Zucker	in einer großen Pfanne erhitzen. Die Schwarzbrotkrümel und
100g gem. Walnüsse	zugeben, 5 Minuten anrösten.
1 TL gem. Zimt	
1 Msp. gem. Nelke	und Abrieb von
1 Bio-Zitrone	zugeben. Mit
200ml Spätburgunder	ablöschen und die Rosinen zugeben.
3 säuerl. Äpfel	schälen, das Kerngehäuse entfernen und in kleine Würfel schneiden. Die Apfelwürfel mit dem Saft von einer
1 Zitrone	mischen.

Eine dünne Schicht der Schwarzbrotmasse in ausgefettete Souffléförmchen geben und festdrücken. Eine Schicht der Apfelwürfel einfüllen. Wieder eine Schicht Schwarzbrotmasse daraufgeben und andrücken.
Eine dünne Schicht

Hagebuttenmarmelade	(siehe unten) darauf verteilen. Eine letzte Schicht der Schwarzbrotmasse locker darüber verteilen.

Bei 180 Grad ca. 30 Minuten in den Backofen geben.
Die fertigen „Schwarzwaldbauern" aus der Form lösen. Mit

Puderzucker	bestreuen und mit Vanillesoße (siehe unten) servieren.

Vegane Vanillesoße (Grundrezept)

500ml Sojamilch	mit dem Mark und der Schote einer
1 Vanilleschote	aufkochen. Schote wieder entfernen.
20g Speisestärke	mit
50g Zucker	vermischen und in die heiße Milch einrühren, erneut kurz aufkochen und in eine Metallschüssel umfüllen. Kalt oder warm servieren.

Hagebuttenmarmelade

1kg Hagebutten	von den Blütenansätzen befreien, waschen, halbieren und die Kerne herauskratzen. Die Hagebutten ca. eine Stunde in einem Topf mit Wasser weich kochen. Die Früchte absieben, pürieren und durch ein Sieb streichen. Das so entstandene Mark erneut in den Topf geben und mit
250g Gelierzucker 2:1	aufkochen und heiß in sterilisierte, hitzebeständige Gläser abfüllen. Diese sofort verschließen und umgedreht auskühlen lassen.

Kuckucks Tipp: Wenn kein trockenes Schwarzbrot verfügbar ist, kann auch frisches Weißbrot im Ofen getrocknet werden. Wer möchte kann einen Teil des Zuckers durch Honig ersetzen, dann ist es aber nicht mehr vegan.

Schicht für Schicht

Millefeuille vom Milchreisflädele mit flambierten Erdbeeren

ca. 20-30 Stück

500ml Milch	in einen Topf geben,
1 Prise Salz	und
125g Milchreis	zugeben.

Kurz aufkochen lassen und den Milchreis bei niedriger Hitze ca. 30 Minuten quellen lassen. Milchreis abkühlen lassen.

150g Mehl	mit
300ml Milch	in einer Schüssel mischen und 15 Minuten quellen lassen.
100g Zucker	
1 EL Vanillezucker	
1 Prise Salz	
3 Eier	
½ TL Zimt	zugeben und zu einem glatten Teig verrühren.

Den abgekühlten Milchreis unterrühren.
In eine beschichtete Pfanne etwas

Butter geben und bei mittlerer Hitze dicke Flädele (Pfannkuchen) ausbacken. Einmal wenden und die Flädele auf einem Kuchengitter nebeneinander auskühlen lassen.

Die Flädele in etwa 3x3cm große Vierecke schneiden.

Erdbeeren	in etwa 5mm dicke Scheiben schneiden. Eine beschichtete Pfanne mit
Puderzucker	ausstreuen und leicht erhitzen. Die Erdbeeren kurz von beiden Seiten darin anbraten. Sie dürfen nicht zu weich werden. Mit
2cl Orangenlikör	flambieren. Abwechselnd Flädele und Erdbeerstücke zu kleinen Türmchen stapeln und mit einem Spieß fixieren.

Die Türmchen mit Puderzucker bestreuen und servieren.

Kuckucks Tipp: Die Türmchen werden meist kalt gegessen, wer sie lieber warm mag kann die Flädele im Backofen bis zum Schluss warmhalten.

Zum Reinbeißen

Süßer Beerenburger

ca. 5-10 Burger

7-9

Heidelbeere

Burgerbrötchen

100g Butter	(zimmerwarm) mit
75g Zucker	in einer Rührschüssel schaumig rühren.
2 Eier	und
2 EL Vanillezucker	zugeben und ebenfalls schaumig rühren.
250g Mehl	mit
2 TL Backpulver	mischen und zusammen mit
50ml Milch	ebenfalls zugeben, alles zu einem homogenen Teig verarbeiten.

Jeweils aus einem Esslöffel Teig kleine Häufchen mit etwas Abstand auf ein Blech mit Backpapier setzen. (Exakter geht es mit einem Spritzbeutel)
Im Backofen bei 160 Grad ca. 10-15 Minuten backen.
Nach etwa 1-2 Minuten Backzeit, wenn die Häufchen etwas verlaufen sind, die Hälfte mit

Sesam bestreuen und weiterbacken. Zum Auskühlen auf ein Kuchengitter legen.

Für die Füllung:

3 Blatt Gelatine	5 Minuten in kaltem Wasser einweichen.
250g Magerquark	zusammen mit
40g Zucker	
1 EL Vanillezucker	und
1 EL Zitronensaft	in einer Schüssel vermischen.

Die Gelatine ausdrücken und in einem warmen Topf schmelzen. 3 EL von der Quarkmasse zugeben. Dann die Gelatinemasse unter die restliche Quarkmasse rühren.

200ml Sahne steif schlagen und vorsichtig unter die Quarkmasse heben.
Die Masse im Kühlschrank stocken lassen. Nochmals aufrühren und in einen Spritzbeutel füllen.

Etwas von der Quarkmasse auf die unteren Burgerbrötchen (ohne Sesam) verteilen. Mit

Erdbeeren	
Johannisbeeren	und
Heidelbeeren	belegen. Erneut etwas Quarkmasse darauf verteilen und das obere Burgerbrötchen daraufgeben. Mit etwas frischer
Minze	garnieren.

Zusätzlich können übrige Beeren noch auf einen Zahnstocher gesteckt werden.

Kuckucks Tipp: Die Burgerbrötchen können auch eingefroren werden, so kann immer kurzfristig ein schnelles Dessert gezaubert werden.

Ein veganer Genuss

Nussschnitte

`ca. 30 Stück`

	Für den Teig:
300g Mehl	in eine Küchenmaschine geben.
125g Margarine	
100g Zucker	
1 EL Vanillezucker	und
1 TL Backpulver	zugeben.
2 EL Sojamehl	mit
4 EL Wasser	anrühren und zugeben (Das Sojamehl dient als Ersatz für das Ei. Wer es nicht vegan möchte, kann 2 Eier dazugeben).
	Alles zu einem festen Teig verarbeiten. Diesen als Boden auf ein gefettetes Backblech geben.
100g Kirschmarmelade	und etwas Wasser mit einem Stabmixer kurz durchpürieren.
	Dann die Kirschmarmelade als dünne Schicht auf dem Teig verteilen.
	Für den Belag:
150g Haselnüsse	
150g Mandeln	und
100g Walnüsse	mit einem Messer grob in Stücke hacken.
200g Zucker	und
200g Margarine	in einem Topf erhitzen, bis der Zucker ganz leicht zu karamellisieren beginnt.
2 EL Kirschwasser	und die Nüsse kurz hinzugeben, durchrühren und etwas abkühlen lassen.
	Danach lauwarm auf dem Teigboden verteilen.

Im Backofen bei 170 Grad ca. 30 Minuten backen. Den Kuchen abkühlen lassen und in Dreiecke aufschneiden.

Kuckucks Tipp: Generell kann man in vielen Rezepten Hühnerei durch Sojamehl ersetzen. Man rechnet hier ca. 1 EL Sojamehl aufgerührt mit ca. 2 EL Wasser als Ersatz für 1 Ei.

Starker Kaffee trifft leichte Schokolade

Weißes Kaffeeeis mit Schokostückchen

ca. 15-20 Stück

Weißes Kaffeeeis mit Schokostückchen

50g Kaffeebohnen	in einem kleinen Topf kurz erwärmen. Mit
200ml Sahne	und
200ml Milch	aufgießen. Die Sahne mit den Kaffeebohnen kurz erwärmen. Von der Hitze nehmen und abkühlen lassen. Die Bohnen in der Sahnemischung im Kühlschrank ca. 1-2 Stunden ziehen lassen.

Die Sahnemischung absieben und erneut kurz aufkochen lassen.

4 Eigelb	in einen Schlagkessel oder eine Metallschüssel geben.
80g Zucker	und
1 Prise Salz	sowie 1 EL der Sahnemischung zugeben und über einem heißen Wasserbad schaumig aufschlagen. Langsam die Sahnemischung zugeben und unterrühren. Solange unter Rühren über dem Wasserbad erwärmen, bis die Masse cremig wird. Die Masse in der Schüssel über Eiswasser abkühlen lassen. Die Masse in eine Eismaschine füllen oder die Schüssel ins Gefrierfach stellen und in regelmäßigen Abständen die Eismasse durchrühren.
100g dunkle Schokolade	in Stücke hacken und kurz bevor das Eis fest wird unter die Eismasse geben.

Schokosahne

200ml Sahne	mit
2 EL Zucker	steif schlagen.
100g dunkle Schokolade	in einer Metallschüssel über einem warmen Wasserbad schmelzen. Die Schokolade wieder abkühlen lassen, sodass sie gerade noch flüssig ist. Die Sahne vorsichtig unter die Schokolade rühren. Die Schokosahne in einen Spritzbeutel füllen und das Eis damit garnieren.

Dazu passen Früchte je nach Saison.

Kuckucks Tipp: Je öfter die Eismasse im Gefrierfach durchgerührt wird, umso cremiger und softer wird das Ergebnis.

Für die Liebsten

Doppelte Herzen

ca. 10 Herzen

Für den Biskuit:

250ml Rote Bete-Saft	(ungesüßt) in einem Topf erhitzen, auf die Hälfte einreduzieren und abkühlen lassen.
2 Eigelb	mit
100g Zucker	und
1 El Vanillezucker	schaumig rühren.
150g Mehl	
50g Speisestärke	und
1 TL Backpulver	miteinander vermischen. Nach und nach mit dem einreduzierten Rote Bete-Saft unter die Eimasse rühren. Sollte die Masse zu flüssig sein, noch etwas Mehl hinzugeben.
2 Eiweiß	steif schlagen und vorsichtig unter die Teigmasse heben. Den Teig auf ein mit Backpapier ausgelegtes Backblech dünn ausstreichen und im Backofen bei 160 Grad ca. 15-20 Minuten backen. Auskühlen lassen. Aus dem abgekühlten Biskuit Herzen ausstechen.

Für die Füllung:

150g weiße Schokolade	in einer Metallschüssel über einem warmen Wasserbad schmelzen.
60g Butter	(zimmerwarm) schaumig aufschlagen.
150g Frischkäse	unterrühren. Die geschmolzene und leicht abgekühlte Schokolade unter die Masse rühren und in einen Spritzbeutel geben.

Jeweils mit dem Spritzbeutel etwas von der Masse auf ein Herz geben und ein zweites darauf legen. Für ca. 30 Minuten in den Kühlschrank geben.

Nach Belieben mit geschmolzener Kuvertüre und Zuckerschrift verzieren.

Kuckucks Tipp: Die Herzen sind eine kleine Liebeserklärung an die Liebsten, z.B. an Valentinstag, Muttertag oder einfach mal zwischendurch.

Zu einem Gläschen Wein unschlagbar
Käse- und Wein-Küchlein

ca. 20-25 Stück

	Mürbeteig (Grundrezept)
200g Mehl	in eine Küchenmaschine geben.
100g kalte Butter	in kleine Stücke schneiden und zusammen mit
2 EL Zucker	
1 Ei	und
1 Prise Salz	zum Mehl geben. Alles zu einem festen Teig verarbeiten. Diesen in Frischhaltefolie wickeln und 30 Minuten kalt stellen.
	Käse- und Wein-Küchlein
Schokobiskuitteig	nach Rezept auf Seite 188 herstellen. Beiseite stellen.
	Den Mürbeteig halbieren und auf einer bemehlten Arbeitsfläche dünn ausrollen. Den Boden einer eingefetteten Springform mit einer Schicht Mürbeteig belegen. Diesen dünn mit
Kirschmarmelade	bestreichen und eine zweite dünne Mürbeteigschicht daraufgeben. Den Biskuitteig einfüllen und glattstreichen. Im Backofen bei 180 Grad 20 Minuten backen. Den Kuchen auskühlen lassen und mit
100ml Süßwein	(Beerenauslese) tränken.
300g Schichtkäse	in eine Schüssel geben.
3 Eigelb	
1 EL Vanillezucker	
40g Zucker	
30g Weichweizengrieß	und Saft und Abrieb einer
½ Bio-Zitrone	zugeben und miteinander mischen.
3 Eiweiß	mit
40g Zucker	steif schlagen.
100g Sahne	steif schlagen und beides unter die Schichtkäsemasse heben.
	Die Schichtkäsemasse auf dem getränkten Kuchen verteilen und erneut bei 180 Grad 10 Minuten backen. Danach die Hitze auf 160 Grad reduzieren und weitere 20 Minuten backen. Den Kuchen auf einem Kuchengitter auskühlen lassen.
Weintrauben	waschen und in Scheiben schneiden. Den Kuchen schuppenartig damit belegen.
1 Pck. Tortenguss	in einem Topf mit
2 EL Zucker	mischen,
100ml Süßwein	einrühren und einmal kurz aufkochen lassen. Als dünne Schicht über die Trauben geben. Für ca. eine Stunde in den Kühlschrank geben.
	Den Kuchen in kleine Mini-Vierecke schneiden und servieren.

Kuckucks Tipp: Im Handel gibt es eckige Springformen, die für die Zubereitung eines solchen Kuchens ideal sind. Es geht aber auch mit einer runden Form.

Wenn der Arzt sagt: Süßes nur noch in kleinen Portionen ;-)

Schnapsgläschen-Eis am Stil

ca. 15 Stück

200ml Sahne	und
200ml Milch	in einem Topf erwärmen.
80g Zucker	mit
4 Eigelb	
1 Prise Salz	und
1 EL Milch	in eine Metallschüssel geben und mit dem Schneebesen über einem heißen Wasserbad aufschlagen. Nach und nach die warme Sahnemischung zugeben und solange über dem Wasserbad rühren bis die Masse cremig wird. Die Masse in der Schüssel über Eiswasser herunterkühlen und auf zwei Schüsseln aufteilen.
250g Himbeeren	mit
2 EL Zucker	in einem Topf erwärmen, bis die Früchte anfangen zu zerfallen. Durch ein grobes Sieb streichen und das so entstandene Fruchtmark unter eine der beiden Eismassen rühren.
250g Brombeeren	mit
2 EL Zucker	in einem Topf erwärmen, bis die Früchte anfangen zu zerfallen. Durch ein grobes Sieb streichen und das so entstandene Fruchtmark unter die zweite Eismasse rühren.
Einwegschnapsgläser (4cl)	jeweils mit einer Schicht Himbeereismasse füllen und im Gefrierfach angefrieren lassen. Eine Schicht der Brombeereismasse daraufgeben und wieder angefrieren lassen. Zwei weitere Schichten abwechselnd einfüllen, dabei einen leichten Rand am Schnapsglas stehen lassen. Bevor das Eis völlig durchgefriert, in jedes Schnapsglas einen
Holzstiel	stecken.
200g weiße Kuvertüre	hacken, in eine Metallschüssel geben und über einem warmen Wasserbad schmelzen. Die geschmolzene Kuvertüre als letzte Schicht in die Schnapsgläschen um den Holzstiel herum einfüllen. Im Gefrierschrank durchgefrieren lassen.

Kuckucks Tipp: Sollen die "Schnapsgläschen-Eis am Stil" auf einem Buffet angerichtet werden, können diese auf einer Schüssel mit Eiswürfel gekühlt und angerichtet werden. Vor dem Essen das Schnapsglas etwas in der Hand anwärmen und das Eis am Stiel herausziehen.

Kuckuck... Kuckuck... Kuckuck

Das Kuckucks-Ei

ca. 20-25 Stück

20-25 Eier	Bei auf einer Seite mit einem spitzen Messer vorsichtig ein Loch mit einem Durchmesser von ca. 1cm in die Schale picken. Durch leichtes Schütteln das Eiweiß aus dem Ei in eine Schüssel laufen lassen. Dann mit einem Holzspieß das noch in der Eierschale verbliebene Eigelb anstechen und in eine separate Schüssel laufen lassen (Für das Rezept unten 3 Eigelb und 3 Eiweiß separat auffangen). Wer es schneller machen möchte, kann die Eier auch mit einem zweiten kleinen Loch ausblasen.

Da für das Rezept unten nicht alle Eier benötigt werden, können die Eier für andere Gerichte verwendet werden, beispielsweise für den Eierlikör auf Seite 174.

Die Eierschalen für 15 Minuten in kochendes Wasser geben, um Bakterien abzutöten. Die Eier müssen dabei mit Wasser gefüllt sein, sonst schwimmen sie auf.

Eierlikör-Rührkuchen

150g Mehl	in eine Schüssel geben.
150g Puderzucker	
1 TL Backpulver	und
1 EL Vanillezucker	hinzugeben und alles gut durchmischen.
150ml neutrales Öl	
150ml Eierlikör	(fertig oder nach Rezept auf Seite 174) sowie 3 Eigelb und 3 Eiweiß dazugeben und zu einer klümpchenfreien Teigmasse verrühren.
500g Speisesalz	als Schicht von etwa 2cm in eine feuerfeste Schale einfüllen. Die abgetrockneten Eierschalen mit dem Loch nach oben in das Salzbett setzen. Mit Hilfe eines Trichters alle Eier, bis auf eines, etwas über die Hälfte mit Teig füllen. Für das letzte Ei (Das Kuckucksei) etwas
Kakao	an den Teig geben und ihn damit dunkel einfärben. Den Teig in das Kuckucksei einfüllen. Die Eier bei 160 Grad für 20 Minuten in den Backofen geben.

Eier auskühlen lassen, übergelaufene Teigreste von den Eiern entfernen (geht am besten im noch warmen Zustand). Wenn die Eier ganz ausgekühlt sind, können diese zum Beispiel mit der Öffnung nach unten in einen Eierbecher gestellt werden und die Schale wie bei einem Frühstücksei geöffnet, serviert werden.

Alternativ für Kinder:
Schoko-Rührkuchen
Den gleichen Teig wie oben herstellen, allerdings den Eierlikör durch 150g Schokoladenraspel ersetzen. Bevor die Schokolade zugegeben wird, etwas hellen Teig für das Kuckucksei abnehmen.
Wenn der Teig zu fest sein sollte, etwas Milch zugeben.

Kuckucks Tipp: Zu Ostern können die Eierschalen auch vorher mit natürlichen Zutaten wie Zwiebelschalen, Rotkohl etc. eingefärbt werden.

Lecker süße Herbstverführung

Milchreis mit Kürbismarmelade

ca. 20 Gläser

8-11 | Kürbis

Kürbismarmelade

500g Kürbisfleisch	(z.B. Hokkaido) würfeln.
3 EL Zucker	in einem Topf erhitzen und karamellisieren lassen. Das Kürbisfleisch zugeben.
2 Birnen	schälen, würfeln und ebenfalls zugeben. Kurz im Karamell anschwenken. Mit
4cl Pfirsichlikör	und dem Saft von
1 Zitrone	ablöschen.
200g Gelierzucker 2:1	zugeben.
20g Ingwer	klein schneiden und mit dem Mark einer
½ Vanilleschote	ebenfalls zugeben und ca. 20-25 Minuten köcheln lassen. Die Kürbismarmelade mit einem Pürierstab durchmixen und heiß in sterilisierte Einmachgläser füllen.

Milchreis

½l Milch	(alternativ Sojamilch) zusammen mit
1 Stange Zimt	und
1 Prise Salz	in einem Topf erwärmen.
125g Milchreis	zugeben und kurz aufkochen lassen. Auf niedriger Hitze den Milchreis 30 Minuten quellen lassen.

In Mini-Gläschen jeweils etwas von der erkalteten Kürbismarmelade geben. Den Rest des Glases mit Milchreis auffüllen.

1 EL Zimt	mit
3 EL Zucker	mischen und etwas davon über die Gläser geben.

Kuckucks Tipp: Die Kürbismarmelade ist ein sehr leckerer Brotaufstrich und kann auch gut auf Vorrat produziert werden. Auch als Geschenk oder Mitbringsel ist die Marmelade gern gesehen.

Gutes aus dem Walde

Kastanien-Walnuss-Mousse auf Baumblättern

ca. 10 Stück

9-10

Kastanien-Walnuss-Mousse

200g Kastanien	in einem Topf in leicht siedendem Wasser ca. 20 Minuten garkochen, anschließend schälen.
	Kastanien mit
100ml Milch	und
2cl Kirschwasser	im Mixer zu einem Mousse pürieren. Dieses in eine Schüssel geben und
2 EL Waldhonig	unterrühren.
100g Walnüsse	fein hacken und zugeben.
2 Blatt Gelatine	5 Minuten in kaltem Wasser einweichen.
2cl Kirschwasser	in einem Topf erwärmen. Die Gelatine ausdrücken und im Kirschwasser auflösen. Das Kirschwasser mit der Gelatine zur Mousse geben.
2 Eiweiß	steif schlagen, währenddessen
50g Zucker	langsam einrieseln lassen. Den Eischnee vorsichtig unter die Mousse heben.
200ml Sahne	steif schlagen und vorsichtig unter die Mousse heben. Die Mousse mindestens 4 Stunden im Kühlschrank kalt stellen.

Walnusskrokantsegel

100g Walnüsse	fein hacken. Zu feine Bestandteile in einem groben Sieb aussieben.
50g Zucker	zusammen mit
1 EL Wasser	in einem Topf zum Karamellisieren bringen. Die Nüsse zugeben und die Masse direkt dünn auf ein Backpapier streichen. Ein zweites Backpapier darauf geben und mit einem Wallholz flach ausrollen. Leicht abkühlen lassen. Das obere Backpapier abziehen und das Krokant in Dreiecke schneiden.

Baumblätter

50g Pistazien	in einem Küchenmixer sehr fein mahlen, in eine Schüssel geben und mit
50g Mehl	und
50g Puderzucker	vermischen.
1 Ei	und
1 Prise Salz	zugeben.
	Mit etwas
Milch	so lange verrühren, bis ein zäher aber gerade noch streichfähiger Teig entsteht. Diesen 30 Minuten ruhen lassen. Danach den Teig auf Schablonen aus Backpapier streichen und im Backofen bei 160 Grad ca. 10 Minuten zu Baumblättern backen.

Eine genaue Anleitung und Schablonen für die Blätter finden Sie in unserem Downloadbereich auf unserer Internetseite **www.schwarzwaelder-minis.de**

Aus dem Kastanien-Walnuss-Mousse Nocken abstechen und auf die Baumblätter geben. Das Walnusskrokantsegel hineinstecken, mit Beeren garnieren und servieren.

Kuckucks Tipp: Bei den Blattformen können Sie kreativ sein und Ihre eigenen Formen entwerfen.

Schach matt

Arme Rittertürmchen

ca.10 Türmche

250ml Milch	in eine Schüssel geben,
3 Eier	
1 Prise Salz	
1 Prise Muskatnuss	und Abrieb einer
½ Bio-Zitrone	zugeben und gut verrühren.
10 Toastbrotscheiben	zu jeweils 2-4 runden Kreisen ausstechen. Diese durch die Eiermilch ziehen bis sie sich etwas vollgesogen haben. In einer Pfanne mit
Butterschmalz	das getränkte Toastbrot von beiden Seiten goldgelb ausbacken.
1 EL Zimt	in einer flachen Schüssel mit
5 EL Zucker	mischen und die gebackenen Toastbrotkreise darin wenden.
Marmelade	Die Armen Ritter abwechselnd mit verschiedener wie beispielsweise Himbeer, Johannisbeer oder Aprikose bestreichen und mehrere Lagen aufeinander stapeln. Hierbei kann man auch die schwäbischen Farben (rot/schwarz) und die badischen Farben (gelb/rot/gelb) ins Spiel bringen. Mit einem Spieß die Türmchen fixieren. Die Dekorationen auf dem Foto gibt es auf der Internetseite **www.schwarzwaelder-minis.de** zum Download.

Die Türmchen können auf einem Schachbrett aus Puderzucker angerichtet werden.

Kuckucks Tipp: Für die Armen Rittertürmchen kann auch Brot oder Toastbrot vom Vortag verwendet werden.

Ideal an heißen Sommertagen

Kalte Bühler Zwetschgenlasagne

ca. 15 Stück

750g Quark	mit
100g Zucker	
1 TL Zimt	
2cl Zwetschgenwasser	und Abrieb einer
1 Bio-Zitrone	verrühren.
4 Eiweiß	steif schlagen und vorsichtig unter die Masse heben.

Eine feuerfeste Auflaufform ausfetten und mit einer Schicht
Lasagneplatten (eventuell vorkochen) auslegen.
1kg Zwetschgen waschen, entsteinen und achteln.
Die Auflaufform mit einer Schicht Zwetschgenstücke auslegen (wenn die Zwetschgen noch nicht süß genug sind, diese mit etwas Zucker bestreuen).
Die Zwetschgen mit der Quarkmasse dünn bestreichen.
Erneut Lasagneplatten darauf geben und weiter stapeln, bis drei Zwetschgenschichten eingeschichtet sind. Zuletzt eine Schicht Lasagneplatten und eine dünne Schicht Quarkmasse einfüllen. Auf diese etwas
Zimt streuen und einige
Mandelblättchen darauf verteilen.

Die Lasagne im Ofen bei 170 Grad ca. 45 Minuten backen.
Auskühlen lassen und im Kühlschrank durchkühlen.

Zum Servieren die Lasagne in Mini-Stücke aufschneiden.

Zur Zwetschgenlasagne passt gut ein Klecks geschlagene Sahne.

Kuckucks Tipp: Zum besseren Entnehmen der Lasagne kann man eine Springform anstelle einer Auflaufform nehmen.

Gar nicht so schwer wie man denkt
Kühles Pralinenquintett

Eis-Konfekt

100g Kokosfett	zusammen mit gehackter
100g Vollmilchschokolade	und
1 EL Vanillezucker	in einer Metallschüssel über einem warmen Wasserbad schmelzen.
1 EL Kakao	und
100g Puderzucker	mit einem Schneebesen unter die warme Masse rühren.

Die Masse abkühlen lassen bis sie zähflüssig ist. In einen Spritzbeutel füllen und in Pralinenspitzen aus Aluminiumpapier spritzen. Im Kühlschrank über Nacht kalt stellen. Bei Zimmertemperatur servieren.

ca. 20 Stück

Weiße Kaffeepraline

100g Sahne	kurz erwärmen, vom Herd nehmen und
3 EL Kaffeebohnen	zugeben. Die Bohnen eine Stunde darin ziehen lassen, dann absieben.
100g Kokosfett	zusammen mit gehackter
100g weiße Schokolade	und
1 EL Vanillezucker	in einer Metallschüssel über einem warmen Wasserbad schmelzen.
50g Puderzucker	mit einem Schneebesen unter die warme Masse rühren.
	Die Masse abkühlen lassen bis sie zähflüssig ist, in einen Spritzbeutel füllen und in Pralinenrosetten aus Aluminium spritzen. Mit jeweils einer
Schokobohne	verzieren und im Kühlschrank über Nacht kalt stellen. Bei Zimmertemperatur servieren.

ca. 20 Stück

Schichtpraline mit Schuss

100g Kokosfett	zusammen mit
100g dunkle Schokolade	in einer Metallschüssel über einem warmen Wasserbad schmelzen.
2cl Kirschwasser	zugeben und kurz erwärmen.
1 EL Kakao	und
100g Puderzucker	mit einem Schneebesen unter die warme Masse rühren. Die Schokomasse abkühlen lassen bis sie zähflüssig ist. Eine von
10 eckige Oblaten	(ca. 10x10cm) auf einen Teller legen und eine dünne Schicht Masse darauf verteilen. Weiter Schicht für Schicht stapeln, bis die Schokomasse verbraucht ist. Im Kühlschrank über Nacht kalt stellen. In Würfel aufschneiden und bei Zimmertemperatur servieren.

ca. 20 Stück

Nuß-Nougatpraline

20g Haselnüsse	(ohne Haut) kurz anrösten und abkühlen lassen. Haselnüsse und
20g Pistazien	grob hacken.
50g dunkle Schokolade	in einer Metallschüssel über einem warmen Wasserbad schmelzen.
100g Nougat	zugeben und ebenfalls darin schmelzen. Die Nüsse unterrühren und alles zum Auskühlen etwa 1cm hoch in eine kleine eckige Silikonform geben.
	Nach dem Erkalten das Nougat aus der Form nehmen und in Würfel schneiden. Die Pralinen mit geschmolzener
dunkle Schokolade	und einer Pistazie verzieren.

ca. 20 Stück

Kuckucks Tipp: Beim Schmelzen von Schokolade ist es wichtig, diese klein zu hacken und langsam über einem Wasserbad zu schmelzen. Man darf die Schokolade dabei nicht überhitzen, gerade helle Schokolade ist hier sehr empfindlich. Es ist darauf zu achten, dass kein Wasser in die Schokolade kommt.

Das Spiel mit dem Feuer

Eierlikör-Crème brûlée mit heißen Himbeeren

ca. 5-10 Stück

Eierlikör-Crème brûlée

1 Eiweiß	zusammen mit
5 Eigelb	
1 Prise Salz	
60g Zucker	und
1 EL Vanillezucker	in eine Schüssel geben und mit einem Schneebesen leicht aufschlagen.
150ml Eierlikör	(fertig oder nach Rezept auf Seite 174) und
300ml Sahne	hinzugeben und alles verrühren.

Die Masse in kleine feuerfeste Mini-Schälchen füllen. Diese im Backofen in einem heißen Wasserbad bei 150 Grad ca. 30 Minuten stocken lassen.

Anschließend für eine Stunde kalt stellen.

Die Schälchen jeweils mit etwas
Karamellzucker (siehe unten) bestreuen und diesen mit einem Bunsenbrenner leicht abflammen.
Zusammen mit den heißen Himbeeren (siehe unten) servieren.

Wer keinen Bunsenbrenner besitzt, kann die Crème auch kurz unter den heißen Grill im Backofen stellen.

Heiße Himbeeren

die Hälfte von
250g Himbeeren	zusammen mit
2 EL Zucker	und
2cl Himbeergeist	in einem Topf erwärmen, bis die Himbeeren fast verkocht sind.

Die restlichen Himbeeren zugeben und kurz durchschwenken.

Karamellzucker (Grundrezept)

100g Zucker in einem kleinen Topf erhitzen bis der Zucker zu schmelzen beginnt.
Mit einem Kochlöffel rühren bis der Zucker eingängig karamellisiert.
Je nach gewünschter Menge etappenweise weiteren Zucker zugeben. Wenn das Karamell flüssig und goldgelb ist, zum Auskühlen auf ein Backpapier gießen.
Das kalte Karamell in Stücke brechen und in einem Mixer pulverisieren.

Kuckucks Tipp: Karamellzucker kann man gut auf Vorrat herstellen. Man sollte diesen in einer luftdichten Dose lagern und keine zu großen Mengen herstellen, da er sonst irgendwann Feuchtigkeit zieht.

Lieber auf dem Teller als im eigenen Garten

Maulwurfshügelchen

ca. 8-10 Hügel

Maulwurfshügelchen

6 Eiweiß	steif schlagen und beiseite stellen. Zimmerwarme
150g Butter	zusammen mit
150g Zucker	und
1 EL Vanillezucker	in einer Schüssel schaumig schlagen. Nach und nach
6 Eigelb	unterschlagen. In eine separate Schüssel
100g Mehl	sieben und mit
100g gem. Haselnüsse	
2 TL Backpulver	
2 EL Kakao	
1 Prise Salz	und geraspelter
100g Blockschokolade	vermischen. Die Mischung nach und nach mit
100ml Milch	zu der Eimasse geben. Gut durchmengen und zum Schluß den Eischnee vorsichtig unter die Masse heben.

Ein Kuchenblech ausfetten, eventuell zusätzlich den Boden mit Backpapier auslegen. Die Teigmasse einfüllen und glattstreichen.
Im Backofen bei 160 Grad ca. 30 Minuten backen.

Den Kuchen abkühlen lassen. Kreise mit einem Durchmesser von etwa 5-6cm ausstechen. Die Reste des Kuchens im Mixer zerkrümeln.

400ml Sahne	mit
2 Pck. Sahnesteif	und
1 EL Vanillezucker	steif schlagen. Die Hälfte der Kuchenkrümel zugeben und miteinander vermischen. Die Kuchenkreise jeweils mit einigen
Haferflocken	bestreuen.
200g Kirschen	und 400g verschiedene Beeren, wie beispielsweise
Himbeeren, Johannisbeeren	oder
Brombeeren	mit Vanillepudding (siehe unten) mischen. Auf jeden Kuchenkreis ein Häufchen davon geben, sodass ein kleiner Hügel entsteht. Die so entstandenen Mini-Kuchen jetzt mit der Sahne/Krümelmischung komplett umhüllen. Die restlichen Kuchenkrümel daraufgeben, leicht andrücken und mit
Kakao	bestreuen.

Vanillepudding (Grundrezept)

1 Vanilleschote	mit einem Küchenmesser längs halbieren und das Mark herauskratzen. Schote und Mark zusammen mit
500ml Milch	in einen Topf geben und kurz aufkochen lassen.
80g Zucker	mit
40g Speisestärke	und
1 Prise Salz	in eine kleine Schüssel geben und vermischen.
4 Eigelb	und
50ml Milch	zugeben und klümpchenfrei vermischen. Die Schote wieder aus der Milch nehmen, etwas von der heißen Milch in das kleine Schüsselchen geben und vermengen. Den Inhalt des kleinen Schüsselchens in den Milchtopf zurückgeben, unterrühren und kurz aufkochen lassen. Sofort in eine Metallschüssel umfüllen.

Kuckucks Tipp: Unsere Vorlage für die lustigen Maulwürfe finden Sie zum Ausdrucken auf unserer Internetseite **www.schwarzwaelder-minis.de**

Ein Schlückchen für den Koch, ein Gläschen für den Kuchen

Rotweinkuchen – Weißweinkuchen
zusammen = beschwipster Marmorkuchen

Rotweinkuchen

ca. 2-4 Küchlein

200g Margarine	und
200g Zucker	schaumig rühren. Nach und nach
4 Eigelb	unterrühren.
250g Mehl	in eine Schüssel sieben,
1 TL Backpulver	und
1 EL Kakao	untermischen. Die Mehlmischung nach und nach unter die Zuckermasse rühren.
250ml Spätburgunder	in einem kleinen Topf erhitzen.
1 Prise Pfeffer	
½ Zimtstange	
1 Nelke	und
1 Msp. Kardamom	zugeben und auf die Hälfte einreduzieren lassen. Durch ein Sieb geben und abkühlen lassen.
100g dunkle Kuvertüre	fein hacken und zusammen mit dem Wein unter den Teig mischen.
4 Eiweiß	steif schlagen und vorsichtig unter den Teig heben. Den Teig in mehrere gefettete Mini-Backformen geben (etwa 2/3 hoch einfüllen) und im Backofen bei 160 Grad ca. 30-40 Minuten backen.

Weißweinkuchen

ca. 2-4 Küchlein

200g Margarine	mit
200g Zucker	schaumig rühren. Nach und nach
4 Eigelb	unterrühren.
250g Mehl	in eine Schüssel sieben und
2 TL Backpulver	untermischen. Die Mehlmischung langsam zur Margarine geben.
250ml Riesling	in einem kleinen Topf erhitzen. Mark und Schote einer
½ Vanilleschote	
1 Prise Muskat	und
1 Msp. Kardamom	zugeben und auf die Hälfte einreduzieren lassen. Durch ein Sieb geben und abkühlen lassen.
100g weiße Kuvertüre	fein hacken und zusammen mit dem Wein unter den Teig mischen.
4 Eiweiß	steif schlagen und vorsichtig unter den Teig heben. Den Teig in mehrere gefettete Mini-Backformen geben (etwa 2/3 hoch einfüllen) und im Backofen bei 160 Grad ca. 30-40 Minuten backen.

Beschwipster Marmorkuchen

ca. 2-4 Küchlein

Die beiden Teige von oben jeweils mit der halben Rezeptmenge herstellen. Zuerst den hellen Teig etwa 1/3 hoch einfüllen, dann den dunklen Teig ein weiteres 1/3 hoch einfüllen. Mit einer Gabel mehrfach in den Teig einstechen und dabei etwas vom hellen Teig in den dunklen Teig ziehen, sodass die typische Marmorkuchenoptik entsteht.
Im Backofen bei 160 Grad ca. 30-40 Minuten backen.

Kuckucks Tipp: Eine Alternative für die kalte Jahreszeit ist Glühweinkuchen. Dafür den Rotwein durch Glühwein ersetzen.

Oh Tannenbaum, oh Tannenbaum

Mini-Weihnachtsbaum

ca. 6 Bäume

Spinat

	Für den Spinatbiskuit:
200g Blattspinat	(frisch oder tiefgefroren) in kochendem Salzwasser ca. 5 Minuten blanchieren und direkt in Eiswasser abschrecken. Den Spinat gut ausdrücken, sodass kaum noch Flüssigkeit im Spinat ist. Den Spinat zusammen mit
2 Eigelb	in einem Mixer pürieren. Nach und nach
50ml Öl	zugeben und alles durchpürieren, bis eine einheitlich grüne Masse entsteht.
100g Zucker	und
1 EL Vanillezucker	zugeben und kurz durchmixen. In eine Schüssel umfüllen.
100g Mehl	in einer zweiten Schüssel zusammen mit
50g gem. Mandeln	und
1 TL Backpulver	mischen und auf die Spinatmasse sieben. Miteinander verrühren, bis ein homogener Teig entsteht.
2 Eiweiß	steif schlagen und unter den Teig heben. Den Teig dünn auf ein mit Backpapier ausgelegtes Backblech streichen und im Backofen bei 160 Grad ca. 15-20 Minuten backen. Den Biskuit vom Backblech nehmen und noch warm, sehr dünn mit
Hagebuttenmarmelade	(fertig oder nach Rezept auf Seite 124) bestreichen und abkühlen lassen.
	Für die Tannenhonigcreme:
150g Frischkäse	in eine Schüssel geben, mit
1 EL Zucker	
1 EL Vanillezucker	
2 EL Tannenhonig	und
1 Msp. Zimt	vermischen.
3 Blatt Gelatine	5 Minuten in kaltem Wasser einweichen. Ausdrücken und in einem warmen Topf schmelzen. 2 EL der Frischkäsemasse unterrühren. Dann die Gelatinemasse unter die restliche Frischkäsemasse heben.
100g Sahne	steif schlagen und unter die Masse heben.
	Die Frischkäsemasse dünn auf den Spinatbiskuit streichen und im Kühlschrank 3-4 Stunden kalt stellen.
	Aus dem durchgekühlten Kuchen Sterne in drei verschiedenen Größen ausstechen. Auf einen großen Stern einen mittleren leicht versetzt und dann einen kleinen leicht versetzt auftürmen. Eine halbe
kandierte Kirsche	mit einem Dekospieß aufspießen und oben in den Tannenbaum stecken.
weiße Schokoperlen	Die Tannenbäumchen mit kleinen Tupfern der Hagebuttenmarmelade und kleinen verzieren. So entstehen die Kerzen und der Tannenbaum wird zum echten Weihnachtsbaum.
	Bis zum Servieren kalt stellen.

Kuckucks Tipp: Darauf achten, dass der Spinat im Mixer sehr fein püriert wird – nur so erhält der Biskuit seine gleichmäßig grüne Farbe.

Süße Resteverwertung für alte Wecken

Scheiterhaufen mit Baiserhäubchen und Honig-Ingwersoße

`ca. 8-10 Haufe`

Scheiterhaufen mit Baiserhäubchen

1l Milch	in einen Topf geben,
250g Zucker	
1 EL Vanillezucker	
4cl Calvados	(wenn Kinder mitessen durch Apfelsaft ersetzen)
½ TL Muskat	und
½ TL Zimt	zugeben, kurz aufkochen und wieder abkühlen lassen. Mit einem Schneebesen
4 Eigelb	unterziehen.
5 altbackene Brötchen	in Scheiben schneiden, diese jeweils dünn mit etwas
Butter	bestreichen.
2-3 Äpfel	schälen, das Kerngehäuse ausstechen und in dünne Ringe schneiden.
Zitronensaft	mit etwas Wasser mischen und die Apfelringe kurz darin eintauchen.

Für den Scheiterhaufen eine feuerfeste Auflaufform ausbuttern und mit einer Schicht Brötchenscheiben auslegen. Einige

Rosinen darauf verteilen und mit etwas Milchmischung begießen. Eine Schicht Apfelscheiben darauf geben. So weiter schichten bis die Form voll ist. Immer wieder die Brötchenscheiben mit Milchmischung tränken. Die oberste Schicht sollte aus Brötchenscheiben bestehen. Restliche Milchmischung darüber geben. 30 Minuten ruhen lassen. Bei 170 Grad 40 Minuten im Ofen backen.

Aus dem Ofen nehmen und etwas abkühlen lassen. Nun mit zwei Gabeln Stücke aus dem Scheiterhaufen herausheben. Diese mit etwas Abstand auf ein Backblech setzen (sollen aussehen wie kleine Scheiterhaufen).

4 Eiweiß	mit
1 Prise Salz	steif schlagen und dabei langsam
100g Puderzucker	einrieseln lassen. Einen Esslöffel Eischnee auf die Scheiterhaufen geben und mit einem Messer mehrfach einstechen und kleine Zipfel hochziehen. (Sie sollen aussehen wie kleine Igel). Den Backofen auf 200 Grad Oberhitze aufheizen und die Scheiterhaufen etwa 7-10 Minuten goldbraun backen. Kann warm oder kalt mit Honig-Ingwersoße serviert werden.

Honig-Ingwersoße

2cm Ingwer	fein würfeln und in
1 EL Honig	in einem Pfännchen leicht karamellisieren lassen.
150ml Sahne	zugeben und 15 Minuten bei schwacher Hitze ziehen lassen. Die Sahnemischung durch ein Sieb geben.
1 Eigelb	zusammen mit
1 EL Zucker	aufschlagen. Die Sahnemischung langsam zugeben und über einem warmen Wasserbad mit einem Kochlöffel solange rühren bis die Masse eine cremige Konsistenz bekommt. Vom Wasserbad nehmen und servieren.

Kuckucks Tipp: Um zu sehen, ob der Eischnee fest genug ist, die Messerprobe machen: Mit einem Messer durch den Eischnee schneiden. Der Schnitt sollte nicht mehr zusammenlaufen.

Augen auf beim Blindbacken

Mirabellen-Schokotartelettes

ca. 6-8 Tartelet

Schokomürbeteig (Grundrezept)

200g Mehl	und
40g Kakao	in eine Schüssel sieben. Mit
50g gem. Mandeln	
100g Zucker	
1 Prise Salz	und
1 EL Vanillezucker	vermischen. Kalte
150g Butter	in Stücken zugeben und mit
1 Ei	zu einem festen Teig verarbeiten. Den Teig in Frischhaltefolie einwickeln und 30 Minuten kalt stellen.

Kleine, eckige oder runde Tarteletteformen ausfetten und mit dem Teig den Boden und die Wände auskleiden. Die Böden mehrfach mit einer Gabel einstechen, etwas Backpapier auf die Größe des Bodens zurechtschneiden und darauf legen. Die Böden mit einigen

Hülsenfrüchte (getrocknet) belegen und im Backofen bei 170 Grad ca. 15 Minuten blindbacken. Aus dem Ofen nehmen und auskühlen lassen.

Schoko-Ganache (Grundrezept)

200g Sahne	in einen Topf geben.
1 TL Honig	und Mark von
½ Vanilleschote	zugeben, erwärmen.
300g Bitterschokolade 70%	grob zerkleinern und in die heiße Sahne mit dem Schneebesen einrühren. Wenn die Schokolade geschmolzen ist, die Masse mit einem Pürierstab durchmixen, bis alles zu einer homogenen Masse wird.
30g Butter	nach und nach untermixen.

Mirabellen-Schokotartelettes

300g Mirabellen	waschen, halbieren und entsteinen. Die Mirabellen mit der Schnittfläche nach oben auf ein Backblech legen und mit etwas
Zucker	bestreuen. Für 4-5 Minuten im Backofen unter den Grill geben.

Die warme Ganache in die ausgekühlten Mürbeteigböden einfüllen und einige der Mirabellen mit der Schnittfläche nach oben in die Ganache drücken.
Im Kühlschrank eine Stunde durchkühlen lassen, bis die Ganache fest ist.

Kuckucks Tipp: Sollte bei der Ganache die Masse gerinnen, kann man die Masse retten, indem sie nochmal runtergekühlt und erneut erwärmt wird. Mit dem Mixstab gut durchmixen.

Holunder, nicht nur in der Medizin zu gebrauchen ca. 6-8 Stück

Holunder-Zitronentörtchen

100g Zucker	in einem Topf karamellisieren lassen.
300g Holunderbeeren	zugeben und 15 Minuten köcheln lassen. Die Holunderbeeren durch ein grobes Sieb streichen.
1 TL Speisestärke	in
1 EL Wasser	glattrühren. Diese Masse in den Holundersaft einrühren und erneut einmal aufkochen und wieder abkühlen lassen.
250g Mehl	in eine Schüssel geben und mit
50g Zucker	
2 Eier	
150ml Mineralwasser	und
4cl Kirschwasser	zu einem dickflüssigen Pfannkuchenteig vermischen.

Den Teig 15 Minuten ruhen lassen.
Den Pfannkuchenteig auf zwei mit Backpapier ausgelegte Backbleche verteilen und dünn über das ganze Blech ausstreichen.
Jeweils vom Holundersaft einige Kleckse auf dem Teig verteilen und mit dem stumpfen Ende eines Holzspießes etwas verrühren, sodass eine Marmoroptik entsteht. Den Teig im Backofen bei 160 Grad 10 Minuten backen.

Den Pfannkuchen aus dem Ofen nehmen und auf ein zweites Backpapier stürzen. Das obere Backpapier abziehen. Den Pfannkuchen mit dem Backpapier zu Streifen in der Höhe von ca. 5cm schneiden. Mit den Teigstreifen Anrichtringe auslegen, sodass das Backpapier als Trennung zwischen Ring und Pfannkuchen liegt. Dann nochmals mit Anrichtring im Backofen 10-15 Minuten nachbacken und anschließend im Ring auskühlen lassen.

Für die Füllung:

250g Quark	in eine Schüssel geben und mit
150g Joghurt	
75g Zucker	und dem Abrieb von
1 Bio-Zitrone	vermischen.
6 Blatt Gelatine	5 Minuten in kaltem Wasser einweichen, ausdrücken und in einem warmen Topf schmelzen. 3 EL der Quarkmasse unterrühren und die Gelatinemasse unter die restliche Quarkmasse rühren.
200ml Sahne	steif schlagen und vorsichtig unter die Masse heben. Die Masse bis etwa 5mm unter den Rand der ausgekühlten Anrichtringe einfüllen.
2 Blatt Gelatine	5 Minuten in kaltem Wasser einweichen. Den restlichen Holundersaft erwärmen und die ausgedrückte Gelatine einrühren. Etwas abkühlen lassen und als zweite Schicht in die Ringe füllen. Die so entstandenen Törtchen für mindestens 4 Stunden in den Kühlschrank stellen.

Kurz vor dem Servieren die Anrichtringe vorsichtig entfernen und die Törtchen mit etwas Sahne verzieren.

Kuckucks Tipp: Wer keine Anrichtringe hat, kann den Pfannkuchenteig nach dem Backen auch als Schale in eine Muffins-Backform legen und im Ofen nachbacken.

Ein Erlebnis für Groß und Klein
Ein Tag auf dem Jahrmarkt

Magenbrot

1 Tüte voll

250g Zucker	und
250g Honig	in einem Topf erwärmen bis beides beginnt flüssig zu werden. Vom Herd nehmen.
100g Zitronat	und
100g Orangeat	im Mixer zerkleinern. Mit dem Honig im Topf vermengen.
100g Zwieback	ebenfalls im Mixer zerkleinern. Zusammen mit
600g Mehl	
3 EL Kakao	
2 EL Lebkuchengewürz	(fertig oder nach Rezept auf Seite 234) und
1 Prise Salz	in einer großen Teigschüssel mischen.
300ml Milch	in einem Topf lauwarm erwärmen und
2 EL Haushaltsnatron	darin auflösen. Die Milch und die Honigmischung in die Teigschüssel geben und alles zu einem homogenen Teig verarbeiten. Diesen in Frischhaltefolie einwickeln und über Nacht bei Raumtemperatur ruhen lassen.

Am nächsten Tag den Teig nochmals durchkneten und in 8 Teile schneiden. Jeweils zu Strängen mit ca. 2cm Durchmesser rollen, auf Backpapier legen und etwas flach drücken. Im Backofen bei 170 Grad ca. 25 Minuten backen. Aus dem Ofen nehmen und auskühlen lassen. Die Teigstränge leicht schräg in etwa 3cm lange Stücke schneiden.

300g Zucker	zusammen mit
100ml Wasser	und Saft einer
½ Zitrone	in einem Topf sirupartig einkochen.
1 EL Kakao	unterrühren und einen Teil des Sirups in einer Metallschüssel über ein warmes Wasserbad geben. Einen Teil der Magenbrote dazugeben und durchrühren, bis alle Magenbrote mit dem Sirup überzogen sind. Mit den restlichen Magenbroten so weiter verfahren. Die fertigen Magenbrote auf ein Kuchengitter legen, bis der Sirup fest ist.

Popcorn

1 Tüte voll

50g Popcornmais	zusammen mit
3 EL Öl	und
3 EL Zucker	in einen großen Topf mit Deckel geben und bei 3/4 Hitze auf den Herd stellen bis das Popcorn anfängt zu poppen. Hitze etwas zurücknehmen. Wenn die Geräusche nachlassen das Popcorn gut durchrühren und in eine Metallschüssel umfüllen.

Gebrannte Mandeln

1 Tüte voll

100ml Wasser	zusammen mit
200g Zucker	
1 TL Zimt	und
1 EL Vanillezucker	in eine unbeschichtete Pfanne geben und erhitzen. Ganze ungeschälte
200g Mandeln	zugeben und solange rühren bis die Flüssigkeit komplett verdunstet ist. Weiterrühren bis der Zucker karamellisiert ist und die Mandeln einen leichten Karamellüberzug haben. Auf Backpapier auskühlen lassen.

Kuckucks Tipp: Wenn die Lasur auf dem Magenbrot nicht fest wird, war die Lasur zu flüssig. Gerettet werden kann das Magenbrot, indem es im Ofen noch einige Minuten nachgebacken wird. Eine Anleitung zum Falten der Magenbrot-Tüten finden Sie zum Download auf unserer Internetseite **www.schwarzwaelder-minis.de**

Der kühle Snack für unterwegs

Black Forest Cake - to go

ca. 10 Stück

	Für den Biskuit:
6 Eier	in eine Küchenmaschine geben und mit
160g Zucker	und
4 EL Vanillezucker	etwa 10 Minuten sehr schaumig aufschlagen.
100g Mehl	zusammen mit
50g Speisestärke	
40g Kakao	und
1 Prise Salz	vermischen und durchsieben.
	Die Mehlmischung zusammen mit
4 EL Kirschwasser	(für Kinder anstelle des Alkohols nur 10 EL Mineralwasser) und
6 EL Mineralwasser	zu den Eiern geben und vorsichtig unterrühren. Ein Backblech mit Backpapier auslegen und die Hälfte des Teiges dünn und gleichmäßig darauf verteilen. Im Backofen bei 160 Grad ca. 8-10 Minuten backen. Der Teig soll gerade fest, aber nicht trocken sein.

Biskuit aus dem Ofen nehmen und direkt mit einer zweiten Lage Backpapier abdecken. Den Teig mit dem Backpapier umdrehen und die jetzt oben liegende Lage Backpapier abziehen und lose wieder darauf legen.
Alles mit einem Küchenhandtuch abdecken und 15 Minuten auskühlen lassen.

Mit dem zweiten Biskuit ebenso verfahren.

Den Biskuit wieder umdrehen und mit einem Teigrad zu Rechtecken schneiden, sodass sich etwa 15 Stück pro Blech ergeben.

4-6 EL Kirschwasser	(für Kinder weglassen) und
400g Kirschmarmelade	mit einem Stabmixer kurz durchmixen. Jeweils 10 Biskuitstücke mit der Kirschmarmelade gleichmäßig bestreichen und jeweils ein zweites Biskuitstück locker darauflegen.
50g weiße Schokolade	bei wenig Hitze in einer Metallschüssel über einem warmen Wasserbad schmelzen und wieder etwas abkühlen lassen.
200ml Sahne	mit
1 EL Vanillezucker	und
1 Pck. Sahnesteif	steif schlagen. Währenddessen
1 TL Honig	zugeben. Die Sahne vorsichtig unter die nur noch lauwarme Schokolade ziehen. Die so entstandene Creme in einen Spritzbeutel füllen und jeweils eine Schicht der Creme auf den Minis verteilen. Die letzten Biskuitstücke locker darauflegen und die Minis im Kühlschrank eine Stunde durchkühlen lassen.

Für unterwegs ebenfalls gekühlt mitnehmen.

Kuckucks Tipp: Die Minis können zusätzlich noch mit flüssiger dunkler Schokolade überzogen werden.

Gefühl von Heimat

Quarksoufflé mit Bühler Zwetschge

ca. 6 Stück

7-9 Zwetschge

Quarksoufflé mit Bühler Zwetschge

	Etwa 6 Souffléförmchen mit
Butter	ausreiben und mit
Zucker	ausstreuen. Die Förmchen für einige Zeit ins Gefrierfach stellen. Danach den Rand der Förmchen dick mit
Zwetschgenmarmelade	(siehe unten) bepinseln. Erneut ins Gefrierfach stellen.
3 Eigelb	mit
50g Puderzucker	sehr schaumig rühren.
250g Quark	abtropfen lassen und zusammen mit dem Abrieb von
½ Bio-Zitrone	unter die Eimasse heben.
3 Eiweiß	mit
80g Zucker	
2 EL Vanillezucker	und
1 Prise Salz	steif schlagen. Den Eischnee ebenfalls unter die Masse heben und die gefrorenen Souffléförmchen randvoll damit füllen. Die Souffléförmchen in ein tiefes Backblech stellen und dieses etwa zur Häfte mit heißem Wasser auffüllen. Im Backofen bei 180 Grad ca. 20-25 Minuten backen. Sie sollten dabei schön aufgehen. Aus dem Ofen nehmen und direkt servieren.

Zwetschgenmarmelade mit Schuss

1kg Bühler Zwetschgen	waschen, entsteinen und zusammen mit
500g Gelierzucker 2:1	in einem Topf aufkochen. Saft und Abrieb einer
½ Bio-Zitrone	
2 EL Honig	
1 TL gem. Zimt	
¼ TL gem. Nelke	
1 TL gem. Ingwer	und
10cl Zwetschgenwasser	zugeben, drei Minuten sprudelnd kochen lassen. Die heiße Marmelade in sterilisierte Einmachgläser füllen und sofort verschließen. Die Gläser auf den Kopf stellen und auskühlen lassen.

Kuckucks Tipp: Je nach Süße der Früchte sollten Menge von Honig oder Zitrone angepasst werden. Beim Entnehmen der Soufflés aus dem Ofen Zugluft vermeiden. Während des Backens daher auch nie die Ofentüre öffnen.

Erfrischendes Frühlingsdessert

Erdbeer-Biskuitröllchen

2 Rollen

5-7

Erdbeere

100g Erdbeeren	waschen und pürieren.
200g Sahne	mit
1 EL Vanillezucker	steif schlagen. Das Erdbeerpüree unterziehen und beiseite stellen.
200g Erdbeeren	waschen, in feine Würfel schneiden und beiseite stellen.
3 Eiweiß	zusammen mit
2 EL kaltes Wasser	und
1 Prise Salz	steif schlagen und beiseite stellen.
3 Eigelb	zusammen mit
75g Zucker	schaumig rühren.
60g Mehl	mit
½ TL Backpulver	und
1 EL Speisestärke	mischen, zu den Eigelben sieben und verrühren.

Den Eischnee vorsichtig unterheben.
Die Teigmasse halbieren und jeweils dünn in etwa der Größe eines A4-Blattes auf eine Backmatte oder Backpapier streichen.
Den Teig nacheinander im Backofen bei 190 Grad ca. 5-6 Minuten backen.

In der Zwischenzeit ein Geschirrhandtuch mit Wasser anfeuchten und auf der Arbeitsfläche ausbreiten. Das Handtuch dünn mit

Zucker   bestreuen. Den fertig gebackenen Biskuit auf das Handtuch geben und etwas abkühlen lassen. Die Hälfte der Erdbeersahne dünn darauf verteilen und mit Erdbeerwürfeln belegen. Den Biskuit direkt der Länge nach aufrollen. Anschließend die zweite Rolle herstellen.

Die fertigen Rollen kurz angefrieren, damit sie sich besser aufschneiden lassen. Die einzelnen Stücke mit

Puderzucker	bestreuen. Mit
Sahne	und
Erdbeeren	garnieren.

Beim Verteilen der Sahne sollte der Biskuit nicht mehr zu warm sein.

Für das Kind in Mann und Frau
Ü-Ei für Erwachsene

15 Stück

Schwarzwälder Eierlikör (Grundrezept)

6 Eigelb	zusammen mit
250g Puderzucker	und dem Mark von einer
1 Vanilleschote	in eine Metallschüssel geben und mit dem Schneebesen über einem heißen Wasserbad schaumig aufschlagen.
200ml Sahne	zugeben und langsam unterschlagen.
200ml Kirschwasser	zugeben und unterrühren. Danach in der Schüssel über Eiswasser kaltrühren. In sterilisierte Flaschen abfüllen und kühl lagern.

Weiße Schokomousse

2 Eiweiß	mit
1 Prise Salz	steif schlagen und dabei langsam
25g Zucker	einrieseln lassen und kalt stellen.
100ml Sahne	steif schlagen und kalt stellen.
100g weiße Schokolade	in einer Metallschüssel über einem warmen Wasserbad schmelzen.
2 Blatt Gelatine	5 Minuten in kaltem Wasser einweichen.
2 Eigelb	und
50ml Milch	in eine Metallschüssel geben und mit dem Schneebesen über einem heißen Wasserbad schaumig aufschlagen. Die Gelatine ausdrücken und in der Eimasse schmelzen. Die geschmolzene Schokolade zugeben und sofort vom Wasserbad nehmen. Erst Eischnee, dann geschlagene Sahne vorsichtig unterheben.

Ü-Ei für Erwachsene

15 Schoko Ü-Eier	kurz kalt stellen und dann mit einem Sägemesser vorsichtig einen Deckel abschneiden und die Überraschung aus dem Ei holen. Ü-Eier in Eierbecher setzen und mit der Schokomousse bis an den Rand auffüllen. Ebenso die Deckel mit dem Mousse füllen. Beides ca. 3 Stunden kalt stellen.

Die Ü-Eier aus dem Kühlschrank nehmen und mit einem Kugelausstecher oder kleinem Löffel eine runde Vertiefung aus der Schokomousse stechen.
Die Vertiefung mit Eierlikör auffüllen und servieren.

Kuckucks Tipp: Der Inhalt der Ü-Eier findet bei Jung oder Alt sicherlich Verwendung. Vorsicht bei weißer Schokolade, sie darf maximal auf 45 Grad erhitzt werden, da sie sonst klumpt.

Du Schwobesäckle... Was willsch denn Du Gelbfüßler...

Badisch/Schwäbische Scherzkekse

ca. 15-20 Stück

Auf kleinen Papierzetteln werden abwechselnd Badnerwitze und Schwabenwitze geschrieben. Eine Vorlage hierfür finden Sie auf unserer Internetseite **www.schwarzwaelder-minis.de** zum Download. Die Liste können Sie aber noch beliebig erweitern und Ihrer Kreativität freien Lauf lassen.

Für den Teig:

4 Eiweiß	mit
80g Puderzucker	und
1 TL Vanillezucker	leicht schaumig aufschlagen.
50g Butter	in einem Topf schmelzen, erkalten lassen und mit
4 cl Kirschwasser	zusammen zum Eischnee geben.

(Kirschwasser kann für Kinder auch durch Kirschsaft ersetzt werden).
Alles zu einem glatten Teig verrühren.

Jeweils einen schwachen Esslöffel vom Teig auf ein Stück Backpapier geben und zu etwa 7cm großen Kreisen verstreichen.
Maximal 3 Teigkreise auf einmal in den Ofen geben. Den Teig für ca. 5 Minuten bei 180 Grad im Ofen backen.
Wenn die Ränder anfangen braun zu werden, das Blech aus dem Ofen nehmen – Jetzt muß es schnell gehen. Die Kreise vom Backpapier lösen, einen gefalteten Witzezettel hineingeben und mittig locker zusammenklappen.
Nochmals knicken, indem man den Kreis über einen Schüsselrand legt.
Zum Auskühlen den Keks etwas fixieren, zum Beispiel indem man ihn in eine kleine Tasse hineinlegt. Mit den beiden anderen Kekskreisen ebenso verfahren.
Die fertigen Kekse am Schluß nochmals ca. 5 Minuten zum Nachbacken in den Ofen geben.

Die Kekse sind ein idealer Partygag, gerade wenn Schwaben und Badener anwesend sind. Aber immer daran denken - wir machen doch nur Spaß.

Der Powerriegel

Müsliriegel – Apfel/Kirsch

ca. 15-20 Riegel

Müsliriegel – Apfel/Kirsch

100g Haferflocken	zusammen mit
100g Dinkelflocken	
50g Sonnenblumenkerne	
50g Sesam	und
½ TL Zimt	in einer Schüssel mischen.
50g Haselnüsse	grob hacken und zugeben.
50g getrocknete Apfelringe	(Rezept siehe unten) und
50g getrocknete Kirschen	(Rezept siehe unten) klein schneiden und zugeben.
50g Honig	(alternativ Ahornsirup) zusammen mit
50g Butter	(alternativ Margarine) und
100g brauner Zucker	in einem Topf erhitzen, heiß zum Müsli geben und gut durchmengen.

Die Masse auf eine Hälfte eines mit Backpapier ausgelegten Backbleches verteilen (Masse reicht für ein halbes Backblech). Die Masse gut festdrücken, sodass eine rechteckige, etwa 1,5-2cm dicke feste Platte entsteht.
Diese im Backofen bei 120 Grad ca. 30 Minuten backen.

Die Müsliplatte aus dem Ofen nehmen und auskühlen lassen. Die ausgekühlte Platte mit einem scharfen Messer zu Riegeln schneiden.

Schokolade (nach Belieben) in einer Metallschüssel über einem Wasserbad schmelzen und die Riegel damit verzieren.

Getrocknete Apfelringe

2 EL Zucker	mit dem Saft von
1 Zitrone	und
100ml Wasser	mischen.
Äpfel	waschen, das Kerngehäuse ausstechen und in etwa 5mm dicke Ringe schneiden.

Die Ringe kurz durch die Zitronenmischung ziehen. Die Apfelringe auf Holzspieße auffädeln und auf den Gitterrost im Backofen hängen.
Bei 80 Grad und leicht geöffneter Backofentür etwa 4-8 Stunden trocknen lassen (Die Früchte müssen sich trocken, aber noch weich anfühlen).

Getrocknete Kirschen

Kirschen waschen, entsteinen und halbieren. Die Kirschhälften auf Holzspieße aufstecken und ebenfalls auf den Gitterrost im Backofen hängen und trocknen lassen.

Selbstverständlich kann auch bereits getrocknetes Obst verwendet werden.

Kuckucks Tipp: Die Riegel können nach eigenem Belieben mit anderen Nüssen oder Trockenfrüchten wie z.B. Walnüssen oder Rosinen zubereitet werden. Apfelringe schmecken auch sehr gut als Snack zum Naschen.

Leichte Frühlingsküche

Buttermilchmousse und Gewürz-Rhabarber

ca. 8-10 Stück

Gewürz-Rhabarber

100ml Weißwein	zusammen mit
100g Zucker	und
100ml Wasser	in einem kleinen Topf aufkochen lassen.
1 Zimtstange	
3 Nelken	und
1 Sternanis	zugeben.
3-4 Stangen Rhabarber	schräg in etwa 5mm dicke Scheiben schneiden und 5 Minuten im Weinsud köcheln lassen. Von der Hitze nehmen und abgedeckt über Nacht im Kühlschrank ziehen lassen.

Buttermilchmousse

500ml Buttermilch	zusammen mit
250g Magerquark	in eine Schüssel geben und glattrühren.
3 EL Honig	
50g Zucker	und Abrieb einer
½ Bio-Zitrone	zugeben und verrühren.
10 Blatt Gelatine	5 Minuten in kaltem Wasser einweichen, ausdrücken und in einem Topf bei schwacher Hitze schmelzen. 5 EL von der Buttermilchmasse zur Gelatine geben und die Gelatinemasse in die restliche Buttermilchmasse rühren. Die Masse etwa 20-30 Minuten stocken lassen bis sie anfängt fest zu werden.
200ml Sahne	steif schlagen und unter die Buttermilchmasse ziehen.
200g dunkle Biskuitkekse	(fertig oder nach Rezept auf Seite 228) verbröseln und mit geschmolzener
150g Butter	vermischen. Einige Anrichtringe auf eine Unterlage stellen und jeweils etwas Keksmasse einfüllen und festdrücken (Alternativ kann dieses Dessert auch in Gläsern angerichtet werden). Die Buttermilchmasse darauf verteilen und für mindestens 3 Stunden in den Kühlschrank geben.

	Zum Anrichten die Törtchen vorsichtig aus den Anrichtringen nehmen. Den Gewürz-Rhabarber in einem Sieb abtropfen lassen. Den Gewürzsud in einem kleinen Topf auffangen und
1 TL Speisestärke	einrühren. Den Sud kurz aufkochen und wieder etwas abkühlen lassen. Einige Rhabarberstückchen auf den Moussetörtchen verteilen und etwas vom Gewürzsud darübergießen.

Kuckucks Tipp: Als pflanzliche Alternative zur Gelatine kann auch sehr gut mit „Agar Agar" gearbeitet werden.

Ein Traum aus der Kindheit

Grießflammerie mit karamellisierten Pfirsichen

ca. 6-8 Stück

7-8

Pfirsich

Grießflammerie

500ml Milch	zusammen mit
1 Prise Salz	dem Mark einer
½ Vanilleschote	und dem Abrieb einer
½ Bio-Zitrone	in einem Topf erwärmen.
100g Weichweizengrieß	mit
75g Zucker	mischen und zur Milch in den Topf geben. Alles unter ständigem Rühren 5 Minuten aufkochen lassen. Danach von der Hitze nehmen und etwas abkühlen lassen.
2 Eigelb	mit
2 EL Milch	verquirlen. Wenn der Grieß etwas an Hitze verloren hat, die Eigelbe zügig unterrühren.
2 Eiweiß	steif schlagen und ebenfalls unter die noch warme Grießmasse heben.

Kleine Silikonformen mit kaltem Wasser ausspülen und die Grießmasse einfüllen. Für eine Stunde im Kühlschrank auskühlen lassen.

Die Grießküchlein vorsichtig aus den Formen stülpen.

1 EL Zimt	mit
3 EL Zucker	vermischen und etwas davon auf die Grießküchlein streuen. Mit den karamellisierten Pfirsichen servieren.

Karamellisierte Pfirsiche

2-3 Pfirsiche	waschen, halbieren und den Kern entfernen. Die Pfirsichhälften in dünne Spalten schneiden.
3 EL Zucker	in einem Topf erhitzen bis dieser zu karamellisieren beginnt. Mit
5cl Pfirsichlikör	und
2cl Wasser	ablöschen. Die Pfirsichspalten und eine
½ Zimtstange	zugeben und bei geschlossenem Deckel etwa 5-10 Minuten bei schwacher Hitze weich garen. Die Pfirsische abkühlen lassen. Zum Servieren die Haut von den Pfirsichspalten abziehen und mit etwas Sud aus dem Topf anrichten.

Kuckucks Tipp: Beim Kochen von Grieß ist es wichtig den Grieß ständig zu rühren, damit dieser nicht am Boden anhängt. Am besten geht dies mit einer hitzebeständigen Silikonlippe.

Schmeck die Heimat

Ortenauer Weinstrudel und Burgundercreme

9-10

Weintrauben

Strudelteig (Grundrezept)

300g Mehl	
130ml Wasser	
4 EL Öl	und
½ TL Salz	in einer Küchenmaschine zu einem festen Strudelteig verarbeiten. Den Teig zu einer Kugel formen und diese leicht auf der Oberfläche einölen. In Frischhaltefolie einwickeln und eine Stunde im Kühlschrank ruhen lassen.

Ortenauer Weinstrudel

2 Strudel

2 Eigelb	mit
110g Zucker	schaumig rühren.
250g Magerquark	und das Mark einer
½ Vanilleschote	sowie
100g Hartweizengrieß	unterrühren.
2 Eiweiß	steif schlagen und vorsichtig unter die Masse heben.

Den Teig aus dem Kühlschrank nehmen und kurz ruhen lassen. Dann dritteln und jeweils auf einem bemehlten Küchenhandtuch ausrollen und mit dem Handrücken vorsichtig dünn ausziehen bis das Handtuch durch den Teig sichtbar wird. Den Teig mit geschmolzener

Butter	bestreichen.
	Die Füllung auf den Teigen verteilen und halbierte
rote Weintrauben	und
weiße Weintrauben	darauf verteilen. Die drei Strudel der Länge nach aufrollen, auf ein mit Backpapier ausgelegtes Backblech legen und mit verquirltem
Eigelb	bestreichen. Die Strudel mit
Mandelstifte	bestreuen und im Backofen bei 180 Grad ca. 20 Minuten backen.

Burgundercreme

ca. 10-12 Stück

150ml Spätburgunder	zusammen mit
100ml Sahne	und
50ml Milch	in einen Topf geben und aufkochen. 3 EL Spätburgunder mit
15g Speisestärke	
70g Zucker	und
2 Eigelb	in einer Tasse verrühren. 3 EL von der heißen Wein/Sahnemischung unterrühren, alles in den Topf geben und einmal unter ständigem Rühren kurz aufkochen lassen. Die Creme zum Abkühlen in Schüsselchen umfüllen.

Kuckucks Tipp: Die Burgundercreme schmeckt besonders gut, wenn sie noch lauwarm zum Strudel serviert wird.

Auch Kinderbier genannt

Crème Caramel mit Malzbier

ca. 6-8 Stück

150g Zucker	in einem kleinen Topf erhitzen. Mit einem Holzlöffel rühren bis ein goldgelber Karamell entsteht.
5 EL Wasser	zugeben und so lange erhitzen bis der Karamell wieder flüssig ist. Kleine feuerfeste Mini-Schälchen ausfetten und jeweils etwa 2-4mm Karamell einfüllen.
½ Vanilleschote 250ml Milch	der Länge nach halbieren und das Mark herauskratzen. Mark und Schote in aufkochen lassen.
250ml Malzbier	und
½ TL Zimt	zugeben und erneut aufkochen lassen. Alles durch ein Sieb gießen.
5 Eigelb	in einer Schüssel mit
3 Eiweiß	und
75g Zucker	verrühren. Langsam die heiße Milch/Malzbiermischung unterrühren. Die Mini-Schälchen bis etwa 1 cm unter den Rand mit der Masse auffüllen.

Heißes Wasser in eine große feuerfeste Auflaufform geben und die Mini-Schälchen in das Wasserbad stellen. Im Backofen bei 200 Grad etwa 20 Minuten stocken lassen. Die Crème aus dem Ofen nehmen und erkalten lassen.

Mit einem Messer oder einer Fleischnadel am Rand der Mini-Schälchen entlangfahren und die Crème damit vorsichtig lösen.
Die Crème auf kleine Unterteller stürzen.

Eventuell mit Früchten, wie z.B. Himbeeren garnieren.

Kuckucks Tipp: Die Eier/Zuckermischung und auch die Crème sollen mit dem Schneebesen glatt, aber nicht schaumig aufgeschlagen werden.

Süße Verführung der Schwarzwaldmarie

Schwarzwälder Kirschlollis

ca. 15-25 Stück

Schokobiskuit (Grundrezept)

4 Eiweiß	mit
1 Prise Salz	und
4 EL Wasser	steif schlagen und dabei
150g Zucker	langsam einstreuen. Nacheinander
4 Eigelb	unterrühren.
100g Speisestärke	
80g Mehl	
25g Kakao	
2 TL Backpulver	vorsichtig unter den Eischnee heben.

Schwarzwälder Kirschlollis

Den Teig in eine ausgefettete Cake Pop-Backform füllen. In jede Aussparung eine von

250g Kirschen   hineingeben, Form verschließen und bei 170 Grad etwa 30 Minuten im Ofen backen.

Die Kugeln auskühlen lassen und aus der Form holen. Die Kugeln auf Stiele oder Holzspieße stecken. Jede Kugel mit etwas

Kirschwasser   beträufeln.
dunkle Kuvertüre   im Wasserbad schmelzen und über jede Kugel verteilen.

150ml Sahne	mit
1 EL Vanillezucker	und
Sahnesteif	aufschlagen und mit einem Spritzbeutel einen Tupfer auf jede Biskuitkugel geben. Etwas
Zartbitterschokolade	mit einem Sparschäler abhobeln und die Späne auf der Sahne verteilen.

Jeweils eine frische Kirsche in die Sahne drücken.

Kuckucks Tipp: Wer keine Cake Pop-Form besitzt, kann den Biskuit in einer normalen Form backen. Dann Vierecke zurechtschneiden und diese auf Holzspieße stecken.

Blaukraut, nicht nur ein Hit zu Braten und Knödel

Lebkuchenparfait auf süßem Orangen-Blaukraut

5-10 Stück

9-12 Blaukraut

Orangen-Blaukraut

300g Blaukraut	(Rotkohl) in feine Streifen schneiden und zusammen mit
100g Zucker	
½ TL Zimt	und
1 Msp. Nelke	in einen kleinen Topf geben und gut durchmischen.

Das Blaukraut 30 Minuten ziehen lassen. Dabei mit den Händen gelegentlich etwas durchkneten.
Danach den Topf mit dem Blaukraut auf den Herd stellen und erhitzen, sodass der Zucker leicht karamellisiert.

2 Orangen	auspressen (ca. 200ml Saft), das Blaukraut damit ablöschen und etwa 45 Minuten weich kochen lassen.
1 TL Speisestärke	klümpchenfrei in
4cl Orangenlikör	auflösen, zum Blaukraut geben und einmal aufkochen lassen.

Das Blaukraut auskühlen lassen und mit dem Lebkuchenparfait und etwas frischer

Minze	garnieren.

Lebkuchenparfait

5 Eigelb	in eine Metallschüssel oder Schlagkessel geben.
100g Zucker	und
3 EL Honig	zugeben und über einem heißen Wasserbad schaumig schlagen.
200ml Milch	langsam zugeben und so lange weiterschlagen bis die Masse cremig wird.

Die Masse in der Schüssel über Eiswasser kaltschlagen.

1 TL Lebkuchengewürz	(fertig oder nach Rezept auf Seite 234) unterrühren.
300ml Sahne	steif schlagen und unter die Masse ziehen.
100g Lebkuchen	(fertig oder nach Rezept auf Seite 234) fein würfeln und unter die Masse rühren.

Die Masse in eine mit Frischhaltefolie ausgelegte Terrinenform geben und zugedeckt mindestens 5 Stunden gefrieren lassen.

Etwa 30 Minuten vor dem Servieren aus der Kühlung nehmen.

Kuckucks Tipp: Die Eimasse für das Parfait solange auf dem Wasserbad durchrühren bis sie sich zur Rose abziehen lässt. Das heißt, wenn man mit einem Kochlöffel kurz in die Creme taucht und dann etwas auf den Löffelrücken pustet, sollte sich eine Rose abzeichen. Dann ist sie perfekt cremig.

Schicht für Schicht ein himmlischer Genuss

Baumkuchen gerollt und geschichtet

Baumkuchen (Grundmasse)

250g Butter	mit
250g Zucker	und
1 EL Vanillezucker	schaumig aufschlagen.
6 Eigelb	nacheinander zugeben.
100g Marzipan	zusammen mit
2 EL Rum	in einem kleinen Topf erwärmen und zur Eimasse geben.
100g Mehl	mit
100g Speisestärke	und
1 TL Backpulver	vermischen und in die Eimasse sieben.
6 Eiweiß	mit
1 Prise Salz	und kaltes
2 EL Wasser	steif schlagen. Den Eischnee unter die Teigmasse heben.

Baumkuchen geschichtet

ca. 10-20 Stück

Von einer kleinen Auflauf- oder Backform den Boden mit Backpapier auslegen und eine sehr dünne Schicht Teig daraufstreichen. Dann die Auflaufform unter den Grill des Backofens bei ca. 200 Grad stellen, bis die Oberfläche eine dunkle Färbung bekommt. Die Auflaufform aus dem Ofen nehmen und erneut eine sehr dünne Schicht Teigmasse darauf geben. Wieder unter den Grill stellen. Das Ganze so oft wiederholen bis die Form voll ist und viele Schichten entstanden sind. Eventuell den Baumkuchen bei 160 Grad etwas nachbacken, bis alles fest ist. Den Baumkuchen auf einem Kuchengitter auskühlen lassen.

100g Aprikosenmarmelade	in einem kleinen Topf schmelzen und die Oberfläche des Kuchens dünn damit bestreichen. Die Aprikosenmarmelade etwa eine Stunde trocknen lassen. Dann den Kuchen mit einem Spritzbeutel mit dunkler Schoko-Ganache (siehe unten) verzieren und in Stücke schneiden.

Baumkuchen gerollt

ca. 10-20 Stück

100g Kirschmarmelade	zusammen mit
2 EL Kirschwasser	in einem Topf erwärmen und warmhalten.

Die Grundmasse von oben dünn in der Größe eines DIN-A4 Blattes auf ein Backpapier streichen. Den Teig ebenfalls unter den Grill geben, bis die Oberfläche eine dunkle Färbung bekommt. Aus dem Ofen nehmen und direkt mit der Kirschmarmelade bestreichen und zu einer festen Rolle aufrollen. Die Rolle ebenfalls mit der oben beschriebenen Aprikosenmarmelade bestreichen und mit Schoko-Ganache verzieren. Die Rolle in Scheiben aufschneiden.

Schoko-Ganache

150g Sahne	in einer kleinen Metallschüssel über einem warmen Wasserbad erwärmen.
300g dunkle Kuvertüre	raspeln und in die Sahne einrühren. So lange unter Rühren erwärmen bis die Schokolade geschmolzen und eine homogene Masse entstanden ist. Die Ganache etwas abkühlen lassen und in einen Spritzbeutel füllen. Noch lauwarm verarbeiten.

Kuckucks Tipp: Wer die Schoko-Ganache noch zarter machen möchte, kann dieser noch etwa 50g Butter unterrühren.

Wer schaut denn da aus dem Glas

Kuckuckskuchen im Glas

ca. 6-8 Gläser

Mürbeteig	(nach Rezept auf Seite 136) zubereiten und für eine halbe Stunde kalt stellen.
150g Butter	mit
150g Zucker	und
1 EL Vanillezucker	schaumig rühren. Nach und nach einzeln
5 Eigelb	unterrühren.
100g gem. Mandeln	zusammen mit geraspelter
50g dunkle Schokolade	
100g Weckmehl	
1 EL Kakao	und
1 Msp. Nelke	in einer Schüssel mischen und ebenfalls nach und nach zu der Butter geben, rühren bis ein glatter Teig entsteht.
Butter	Kleine Einmachgläser mit ausreiben. Den Mürbeteig auf einer bemehlten Arbeitsfläche dünn ausrollen und einen runden Teigboden für die Einmachgläser ausstechen. Dann mit einem Ausstecher mehrere kleine Verzierungen ausstechen (beispielsweise einen kleinen Kuckuck). Den Teigkreis als Boden in das Glas geben. Die Verzierungen von innen an der Wandung der Gläser leicht andrücken. (Verzierung sollte nur in der unteren Hälfte des Glases sein). Wer sich für den Kuckuck entschieden hat, kann diesem auch ein Auge aus beispielsweise schwarzen Sesamkörnern geben.
Kirschen	Den Rührteig etwa 2/3 hoch ins Glas geben und ein paar entsteinte in den Teig drücken. Die Gläser im Backofen bei 160 Grad ca. 30-40 Minuten backen.

Wenn der Kuchen fertig ist, die noch heißen Gläser mit dem Einmachdeckel verschließen. Der Kuchen ist so ein ideales Mitbringsel für Freunde.

Auf unserer Internetseite **www.schwarzwaelder-minis.de** findet man Etiketten zum Ausdrucken und Verzieren.

Kuckucks Tipp: Die Einmachgläser sollten vorher sterilisiert werden, indem Glas und Deckel für mindestens 10 Minuten in einen Topf mit kochendem Wasser gestellt werden.

Schwabensoufflé am Stiel

Pfitzauf-Fruchtspieße

ca. 15-20 Spieß

	Pfitzauf (Grundrezept)
125ml Milch	mit
1 Prise Salz	
1 EL Butter	
2 EL Zucker	und
1 EL Vanillezucker	in einem Topf aufkochen. Etwas abkühlen lassen.
125g Mehl	und
2 Eier	zugeben und zu einem glatten Teig verrühren. Eine Mini-Muffins-Backform ausfetten. Den Teig bis 5mm unter den Rand einfüllen und im Backofen bei 180 Grad ca. 20 Minuten backen, bis der Pfitzauf aufgegangen ist und eine schöne Farbe bekommen hat. Abkühlen lassen und aus der Form nehmen.
	Die Pfitzauf abwechselnd mit
Erdbeeren	
Trauben	und
Blaubeeren	auf Holzspieße stecken.
dunkle Kuvertüre	in einer Metallschüssel über einem warmen Wasserbad schmelzen und etwas über die Spieße gießen. Die Kuvertüre trocknen lassen.
	Vor dem Servieren die Pfitzaufspieße noch mit etwas
Puderzucker	bestreuen.

Kuckucks Tipp: Zum Servieren eignet sich ein Holzklotz oder ähnliches, in den mehrere Löcher gebohrt und die Fruchtspieße hineingesteckt werden.

Frisch aus dem Wald

Waldbeeren-Gratin und Pfifferling-Pfirsich-Gratin

Gratinmasse (Grundrezept)

2 Eigelb	zusammen mit
2 EL Zucker	und
1 EL Vanillezucker	schaumig rühren.
150g Frischkäse	unterrühren. Die Masse halbieren und einen Teil mit
2 EL Himbeerlikör	und den anderen Teil mit
2 EL Pfirsichlikör	verrühren.
150g Sahne	steif schlagen und jeweils die Hälfte vorsichtig zu den beiden Massen geben.

Waldbeeren-Gratin — ca. 5-7 Stück

Brombeeren	
Himbeeren	
Heidelbeeren	und
Johannisbeeren	in kleine, feuerfeste Mini-Auflaufförmchen verteilen. Etwas von der Gratinmasse mit Himbeerlikör darüber geben und erneut ein paar Früchte darauf verteilen. Im Backofen unter dem Grill gratinieren. Heiß servieren.

Pfifferling-Pfirsich-Gratin — ca. 5-7 Stück

1-2 Pfirsiche	waschen, entsteinen und würfeln.
200g Pfifferlinge	putzen.
2 EL Butter	mit
2 EL Zucker	in einer Pfanne erhitzen. Pfirsichwürfel und Pfifferlinge darin anbraten. Mit
2cl Pfirsichlikör	ablöschen und kurz einreduzieren lassen. Die gebratenen Pfirsichwürfel in feuerfeste Mini-Auflaufformen verteilen. Etwas von der Gratinmasse mit Pfirsichlikör darüber geben und die Pfifferlinge darauf verteilen. Im Backofen unter dem Grill gratinieren. Heiß servieren.

Kuckucks Tipp: Wer noch mehr den Wald schmecken will, kann die Masse zusätzlich mit Waldhonig verfeinern.

Eine windige Angelegenheit

Schwäbisches Nonnenfürzle trifft Schwarzwälder Windbeutel

Brandteig (Grundrezept)

250ml Wasser	in einen kleinen Topf geben und zusammen mit
100g Butter	
1 Prise Salz	und
1 EL Zucker	auf dem Herd kurz aufkochen.
200g Mehl	zugeben und solange rühren bis der Teig sich als Kloß vom Topfboden löst und sich eine weiße Schicht am Topfboden bildet. Nach und nach
5 Eier	unterrühren. Von der Hitze nehmen.

Nonnenfürzle — ca. 15-20 Fürzle

1-2l Frittierfett	in einem Topf oder Fritteuse auf 180 Grad erhitzen. Zwei Teelöffel in Wasser tauchen und kleine Nocken vom Brandteig abstechen bzw. zu Nocken formen. Diese direkt ins heiße Frittierfett geben. Nicht zu viele auf einmal. Die Nonnenfürzle etwa 5 Minuten im Fett goldbraun ausbacken.
3 EL Zucker	in eine kleine Schüssel geben und mit
1 EL gem. Zimt	vermischen. Nonnenfürzle mit einem Schaumlöffel aus dem Fett nehmen, kurz auf Küchenkrepp entfetten und direkt in der Zucker/Zimtmischung wenden.

Schwarzwälder Windbeutel — ca. 15-20 Beutel

Den Brandteig in einen Spritzbeutel geben und auf ein mit Backpapier ausgelegtes Backblech kleine Häufchen etwa walnussgroß aufspritzen. Im Backofen bei 200 Grad ca. 20-25 Minuten backen.

Die Windbeutel aus dem Ofen nehmen und direkt mit einem Messer in der Mitte halbieren. Auf einem Kuchengitter ausdampfen lassen.

1 Glas Kirschen	durch ein Sieb geben, dabei die Flüssigkeit in einem Topf auffangen.
2 EL Zucker	
½ TL Zimt	
2cl Kirschwasser	und
2 TL Speisestärke	zugeben und aufkochen lassen. Vom Herd nehmen, etwas auskühlen lassen. Die Kirschen zugeben und die Masse erkalten lassen.
200ml Sahne	mit
1 EL Zucker	und
1 Pck. Sahnesteif	steif schlagen.
6cl Eierlikör	(fertig oder nach Rezept auf Seite 174) unter die Sahne ziehen und diese in einen Spritzbeutel geben. Die Unterteile der Windbeutel mit den Kirschen füllen. Darauf etwas Sahne geben und den Deckel wieder darauf legen.

Die fertig gefüllten Windbeutel mit

Puderzucker	bestreuen.

Zum Rühren des Brandteiges eignet sich am besten ein guter alter Holzkochlöffel.

Hit zum Osterfest

Lammrücken mit Nusskruste und beschwipste Häschen

Lammrücken mit Nusskruste

2 Lämmer

150g Margarine	in einer Küchenmaschine schaumig rühren.
200g Zucker	und
1 EL Vanillezucker	zugeben und weiterrühren. Nach und nach
4 Eier	zugeben.
2 EL Rum	
1 Prise Salz	
200g Mehl	
50g Speisestärke	und
2 TL Backpulver	zugeben und alles zu einem homogenen Teig verarbeiten. Den Teig halbieren, eine Hälfte des Teiges mit
2 EL Kakao	und
5 EL Milch	verrühren und damit einfärben.

Eine Osterlammform ausfetten und die beiden Teige abwechselnd esslöffelweise einfüllen. Form nur etwa zu 2/3 füllen.
Im Backofen bei 160 Grad ca. 40 Minuten backen.

Das Lamm aus der Form nehmen und abkühlen lassen. Den Lammrücken wie auf dem Bild auslösen und in Stücke schneiden.

3 EL Puderzucker	mit etwas Wasser zu einem festen Zuckerguss verrühren und den Lammrücken damit bestreichen. Mit
Haselnusskrokant	bestreuen.

Kirsch-Sahne-Likör

2 Eigelb	mit
2 EL Vanillezucker	
100g Puderzucker	und
100g Sahne	in einer Metallschüssel über einem warmen Wasserbad aufschlagen. Wenn die Masse gut erwärmt ist vom Wasserbad nehmen.
100ml Kirschsaft	und
100ml Kirschwasser	unterschlagen. Likör im Kühlschrank aufbewahren und innerhalb von einigen Tagen verbrauchen.

Beschwipste Häschen

10 Häschen

10 kleine Schokohasen	auspacken und die Ohren abschneiden.

Die Schokohasen mit einem kleinen Trichter mit dem Kirsch-Sahne-Likör füllen.
(Für die Kids das Kirschwasser durch Kirschsaft ersetzen)

Kuckucks Tipp: Selbstverständlich kann und soll das ganze Lamm und nicht nur der Rücken gegessen werden.

Bella Italia im Schwarzwald

Walnuss-Kirschwasser-Cantuccini

`ca. 20-30 Stück`

100g dunkle Schokolade	zusammen mit
50g Butter	in einer Metallschüssel über einem heißen Wasserbad schmelzen.
2 Eier	mit
120g Zucker	und
1 EL Vanillezucker	in einer großen Schüssel schaumig schlagen. Die Schokomasse etwas abkühlen lassen und unter die Eimasse rühren.
300g Mehl	und
2 EL Kakao	in eine weitere Schüssel sieben. Mit
1 TL Backpulver	und
1 Prise Salz	vermengen. Diese Mehlmischung nach und nach zusammen mit
2 EL Honig	und
3 EL Kirschwasser	in die große Schüssel geben. Alles zu einem homogenen Teig verarbeiten.
200g Walnüsse	grob hacken und unter den Teig mischen. Den Teig zum Ruhen etwa 30 Minuten in den Kühlschrank geben.

Den Teig nochmals durchkneten und dritteln. Jede Portion zu einer Rolle mit einem Durchmesser von ca. 4cm rollen und auf ein Backblech geben.
Im Ofen bei 170 Grad ca. 25 Minuten backen.

Die Rollen aus dem Ofen nehmen und leicht abkühlen lassen.
Dann noch lauwarm mit einem Messer in 1,5cm dicke Scheiben aufschneiden.
Diese erneut auf das Backblech geben und im Backofen bei 100 Grad
ca. 15-20 Minuten trocknen lassen.

Puderzucker	Die Cantuccini auf der Außenseite mit etwas bestäuben.

Kuckucks Tipp: Zur Weihnachtszeit kann man den Teig der Cantuccini auch mit etwas Lebkuchengewürz verfeinern.

Selbstgemachte Karamellcreme aus der Dose

Kirsch-Karamell-Dessert

ca. 8-10 Gläser

Kirsch-Karamell-Dessert

500g Rahmjoghurt	in eine Schüssel geben und mit
200ml Kirsch-Karamell-Likör	(siehe unten) und
100g Zucker	zu einer Creme vermischen.
1 Glas Kirschen	absieben und den Saft in einem Topf auffangen. Den Saft mit
100g Zucker	und
1 Sternanis	aufkochen lassen.
2 TL Speisestärke	in etwas kaltem Wasser glattrühren und zum Kirschsaft geben.

Kirschen ebenfalls zugeben und gemeinsam 2 Minuten kochen lassen.
Die gekochten Kirschen mit dem Saft etwa 1/3 hoch in Mini-Gläschen füllen und erkalten lassen.
Als zweite Schicht die Karamellcreme bis 5mm unter den Rand einfüllen und für 30 Minuten kalt stellen.
Kurz vor dem Servieren nochmal etwas Kirsch-Karamell-Likör darübergeben.

Kirsch-Karamell-Likör

1 Dose gezuckerte Kondensmilch	(400ml) geschlossen in einen Topf mit Wasser geben und die Dose 2 Stunden bei geschlossenem Topfdeckel kochen lassen. Die Dose abkühlen lassen und erst jetzt mit einem Dosenöffner öffnen. In der Dose ist jetzt Karamellcreme entstanden. Diese in einer Schüssel mit
250ml Kirschwasser	mischen.
2 EL Vanillezucker	dazu geben und alles gut durchrühren.

Den Kirschlikör in eine sterilisierte Flasche abfüllen und im Kühlschrank aufbewahren.

Kuckucks Tipp: Wer keine gezuckerte Kondensmilch zur Hand hat, kann auch 300ml normale Kondensmilch und 150g Zucker in ein Einmachglas füllen und dieses 2 Stunden im Wasserbad kochen lassen.

Da kann es auch im Sommer winterlich werden

Badische Quarkbällchen-Schneemänner

KUCK ins WEB

Badische Quarkbällchen

ca. 20-40 Bälle

500g Magerquark	in ein Sieb geben und abtropfen lassen. Zimmerwarme
60g Butter	mit
150g Zucker	leicht aufschlagen,
3 Eier	leicht unterschlagen,
1 EL Vanillezucker	und Abrieb einer
½ Bio-Zitrone	zugeben.
400g Mehl	mit
1 EL Backpulver	mischen und zusammen mit dem Quark zugeben und alles zu einem homogenen Teig verarbeiten. Den Teig im Kühlschrank 30 Minuten kalt stellen. Aus dem Teig mit Hilfe von etwas
Mehl	kleine Kugeln formen (für die Schneemänner eine kleine und eine große Kugel herstellen). Die Kugeln in heißem
Frittierfett	ausbacken und auf Küchenkrepp entfetten lassen.

Schneemänner

ca. 10-20 Män

100g Puderzucker	mit
2 EL Wasser	glattrühren und die Quarkkugeln damit bestreichen. Die Kugeln mit
Schokoperlen	als Augen und Knöpfe verzieren.
Mandelstifte	dienen als Nase. Die beiden Kugeln mit einem
Zahnstocher	aufeinander fixieren, sodass kleine Schneemänner entstehen.

Die Hütchen der Schneemänner gibt es bei uns im Internet unter **www.schwarzwaelder-minis.de** zum Ausdrucken.

Die fertigen Schneemänner noch mit etwas Puderzucker bestreuen.

Kuckucks Tipp: Ebenfalls super lecker, wenn man die Quarkbällchen beim Formen mit einem Stück Schokolade füllt und dann frittiert.

So schmeckt Baden

Kirschmousse mit süßen Strübli und Sahne

6-8

Kirsche

Kirschmousse

ca. 6-8 Gläser

150g Kirschen	entsteinen, zusammen mit
60g Zucker	und
1 Prise Salz	in einem Mixer fein pürieren und in eine Schüssel umfüllen.
200g Joghurt	und
4cl Kirschlikör	unterrühren.
5 Blatt Gelatine	5 Minuten in kaltem Wasser einweichen.
50ml Rotwein lieblich	in einem Topf erwärmen. Die Gelatine ausdrücken und im warmen Rotwein auflösen. Die Gelatinemischung unter die Kirschmasse rühren und etwas abkühlen lassen.
150ml Sahne	steif schlagen. Kurz bevor die Kirschmasse zu gelieren beginnt, die Sahne vorsichtig unterheben. Die Kirschmasse in kleine Mini-Gläschen aufteilen und für mindestens 4 Stunden im Kühlschrank kalt stellen.

Süße Strübli

ca. 10-20 Stück

50g Butterschmalz	in einem Topf bei wenig Hitze schmelzen. Zusammen mit
250g Mehl	
150ml Milch	
3 Eier	
2 EL Zucker	
2cl Kirschwasser	und
1 Prise Salz	in einer Schüssel zu einem glatten Teig verrühren. Diesen in einen Spritzbeutel mit dünner Düse füllen. In einer Pfanne etwa 3-4mm hoch
Butterschmalz	erhitzen und den Teig spiralförmig in die Pfanne laufen lassen. Wenn sie etwas Farbe angenommen haben, die Strübli kurz umdrehen und von der anderen Seite fertig backen. Die fertigen Strübli auf Küchenkrepp entfetten und direkt mit
Puderzucker	bestreuen.
200ml Sahne	steif schlagen. Die Strübli zusammen mit der Sahne auf dem Kirschmousse anrichten.

Kuckucks Tipp: Die Strübli am besten mit einem speziellen Strübli-Trichter herstellen. Vielleicht besitzt die Oma ja noch einen.

Vegane

Zwetschgen-Ufos

12 Stück

Zwetschge

7-9

Margarine	Eine Cake Pop-Backform (alternativ Muffinsform) mit einfetten.
1 Blätterteig	auf der Arbeitsfläche ausbreiten und aus dem Teig mit einem Ausstecher 12 Kreise mit einem Durchmesser von ca. 8cm ausstechen.
	Diese Kreise über die Vertiefungen der Cake Pop-Backform legen und mit etwas flüssiger Margarine bestreichen. Die
6 Zwetschgen	halbieren und entsteinen. Jeweils eine halbe Zwetschge in die Mitte der Teigkreise setzen und jeweils eine
Mandel	in die Mitte der Zwetschge geben.
	Für die Streusel:
40g brauner Zucker	mit
70g Mehl	und
40g Margarine	in den Mixer geben und zu einem krümeligen Teig verarbeiten.
	Die Streusel über den Ufos verteilen.
1 EL Zucker	und
1 EL Zimt	mischen und darüberstreuen.
	Im Backofen bei 180°C ca. 12 Minuten backen.

Kuckucks Tipp: Viele fertige Blätterteige sind vegan, da sie mit Palmfett oder anderen pflanzlichen Fetten und nicht mit Butter zubereitet werden.

Mit einem Haps sind sie im Mund

Kirschpraline

ca. 30 Stück

Kirsche 6-8

	Für den Bierteig:
75g Mehl	in eine Schüssel geben, mit
75ml Bier	
30ml Speiseöl	
2 EL Zucker	
½ TL Zimt	und
1 Prise Salz	vermischen. 15 Minuten ruhen lassen.
1 Eiweiß	steif schlagen und vorsichtig unter den Teig heben.
30 Kirschen	(doppelte) kurz in heißes
Frittierfett	tauchen, durch
Mehl	ziehen und überschüssiges Mehl gut abklopfen.

Die Kirschen einzeln in den Bierteig tauchen und im Frittierfett ausbacken. (Darauf achten, dass die beiden Kirschen sich dabei nicht berühren. Legen Sie den Stiel dazu beispielsweise über einen Holzkochlöffel).

Die fertig frittierten Kirschen auf Küchenkrepp entfetten.

dunkle Kuvertüre	in eine Metallschüssel geben und über einem warmen Wasserbad schmelzen.

Jeweils eine der beiden Kirschen in die Kuvertüre tauchen und auf einem Kuchengitter auskühlen lassen (auch hier darauf achten, dass sich die beiden Kirschen nicht berühren).

Kuckucks Tipp: Als Frittierhilfe eignen sich auch Holzwäscheklammern, mit denen die Stiele der Kirschen fixiert werden können, sodass sich die Kirschen nicht berühren.

Feuerwerk der Aromen

Obstsalat mit Schwarzwälder Gin und Gurke

ca. 10-15 Gläser

7-9

Gurke

Obstsalat

1 Zitrone	auspressen und den Saft in eine große Schüssel geben.
1 Apfel	und
1 Birne	schälen und in kleine Würfel schneiden. Alle Würfel mit dem Zitronensaft in der Schüssel mischen.
20 Weintrauben	halbieren und zugeben.
1 Landgurke	der Länge nach achteln und das Kerngehäuse entfernen. Ebenfalls in kleine Würfel schneiden und in die Schüssel geben.
1 Prise Salz	zugeben und alles vermischen.
3 EL Zucker	in einem kleinen Topf karamellisieren lassen. Mit dem Saft von
1-2 Orangen	ablöschen und etwas einreduzieren lassen. Den heißen Saft zu den Früchten in die Schüssel geben und gut durchmengen. Den Fruchtsalat mit
2-4cl Schwarzwälder Gin	nach Geschmack abschmecken und den Salat mindestens eine Stunde ziehen lassen.
50g Heidelbeeren	zugeben und nochmals durchmengen.
	Den Rand von kleinen Martinigläsern mit
Zitronensaft	befeuchten und in
Zucker	tauchen. Den Fruchtsalat in die Gläser füllen und mit dem Mandelcrunch (siehe unten) bestreuen.

Mandelcrunch (Grundrezept)

2 EL Haferflocken	zusammen mit
2 EL Mandelblättchen	und
3 EL Puderzucker	in einem Topf vermischen. Den Topf unter leichtem Rühren erhitzen bis der Puderzucker karamellisiert ist. Die Masse auf einem Backpapier auskühlen lassen.

Kuckucks Tipp: Der Fruchtsalat kann auch mit verschiedenen anderen Früchten der Saison kombiniert werden.

Salzig kann ja jeder
Süße Butterbrezel

ca. 8-10 Brezeln

Süße Laugenbrezeln
Für den Hefeteig:

200ml Milch	zusammen mit
1 EL Vanillezucker	und
60g Zucker	in einen Topf geben und erwärmen.
50g Butter	darin schmelzen. Die Mischung abkühlen lassen und danach einen
½ Würfel Hefe	hineinbröseln. Ein Viertel von
500g Mehl	zugeben und zu einem Vorteig verrühren. Diesen 30 Minuten ruhen lassen.

Das restliche Mehl, Abrieb einer

½ Bio-Zitrone	
1 Prise Salz	und
2 Eier	zugeben und zu einem festen Teig verkneten. Diesen erneut 30 Minuten ruhen lassen.

Für die Brezeln:
Aus dem Teig kleine Brezeln formen. Eine genaue Anleitung zum Formen der Brezeln gibt es auf unserer Internetseite **www.schwarzwaelder-minis.de**

Für die Natronlauge:

300ml Wasser	in einem Topf aufkochen lassen.
2 Pck. Haushaltsnatron	(Inhalt à 5g) und
1 Msp. Salz	zugeben. Erneut kurz aufkochen und von der Hitze nehmen.

Die geformten Brezeln nacheinander für ca. 30 Sekunden mit einem Schaumlöffel in die Lauge tauchen.
(Vorsicht beim Umgang mit Lauge. Handschuhe und Augenschutz tragen und genaue Gebrauchsanleitung auf dem Haushaltsnatron-Päckchen befolgen).
Die Brezeln auf ein mit Backpapier ausgelegtes Backblech geben, mit

Hagelzucker	bestreuen und diesen leicht andrücken.

Die Brezeln im Backofen bei 180 Grad ca. 15-20 Minuten backen.
Zum Auskühlen auf ein Kuchengitter legen.

Die ausgekühlten Brezeln aufschneiden, mit Buttercreme und nach Belieben mit

Marmelade	bestreichen.

Buttercreme

200g Vanillepudding	(fertig oder nach Rezept auf Seite 154) kochen und abkühlen lassen.
150g Butter	(zimmerwarm) in einer Küchenmaschine sehr schaumig aufschlagen und den ebenfalls zimmerwarmen Pudding esslöffelweise zugeben.

Weiterschlagen bis eine dicke Creme entstanden ist.

Kuckucks Tipp: Im Backfachhandel finden Sie auch spezielle Bäckerlauge, mit der die Zubereitung noch besser geht. Aber bitte auch hier die Sicherheitshinweise beachten.

Schicht für Schicht ein Hochgenuss

Flädele-Torte mit Johannisbeeren und Baiserhaube

1 Torte

6-8

Johannisbeere

Flädele (Pfannkuchen)

250g Mehl	zusammen mit
3 Eigelb	
500ml Milch	
1 Prise Salz	und
4 EL Zucker	in einer Schüssel mit einem Schneebesen zu einem flüssigen Pfannkuchenteig rühren. Den Teig 15 Minuten ruhen lassen.
3 Eiweiß	steif schlagen und vorsichtig unter den Teig heben. Die Flädele in einer beschichteten Pfanne in etwas
Butterschmalz	dünn nacheinander ausbacken.

Flädele-Torte

150g Rahmjoghurt 10%	und
100g Frischkäse	in einer Schüssel mischen.
150g Johannisbeeren	pürieren, durch ein Sieb streichen und zum Frischkäse geben.
60g Zucker	
1 EL Vanillezucker	und Abrieb einer
½ Bio-Zitrone	zugeben.
3 Blatt Gelatine	5 Minuten in kaltem Wasser einweichen. Ausdrücken und in einem Topf bei wenig Hitze schmelzen. 3 EL der Joghurtmasse hinzugeben. Dann die Gelatinemasse unter die restliche Joghurtmasse rühren.
200g Johannisbeeren	unter die Masse rühren.
200g Sahne	steif schlagen und ebenfalls vorsichtig darunter heben.

Aus den Flädele und der Masse schichtweise eine Torte herstellen.
Diese abgedeckt für 2-3 Stunden kalt stellen.

Baiserhaube

1 Eiweiß	zusammen mit
1 Prise Salz	und
1 TL Wasser	steif schlagen. Dabei langsam
50g Puderzucker	einrieseln lassen.

Die Baisermasse als dünne Schicht oben auf die Torte geben und mit einem Zahnspachtel oder Gabel ein Muster hineinarbeiten.
Mit einem Bunsenbrenner die Baiserhaube leicht anflammen.

Torte mit einem scharfen Sägemesser in Mini-Kuchenstücke aufschneiden.

Kuckucks Tipp: Wer im Keller keinen Bunsenbrenner findet, kann die Torte auch kurz unter einen sehr heißen Backofengrill geben. Aber nicht zu lange, da sich sonst die Creme verflüssigt.

Sauer macht lustig

Rhabarber-Erdbeer-Terrine

1 Terrine

4-6

Rhabarber

5 Stangen Rhabarber	waschen und mit einem groben Sparschäler der Länge nach in dünne Streifen schneiden. Backpapier in der Größe einer Terrinenform zurechtschneiden. Aus den Rhabarberstreifen ein Gitter flechten, welches genau der Größe des Backpapieres entspricht. (Darauf achten, dass sich die Streifen farblich abwechseln) Das Rhabarbergitter mit
3 EL Zucker	bestreuen und 1-2 Stunden ziehen lassen.
500g Joghurt	mit
50g Zucker	und
100ml Rhabarbersirup	(alternativ stark eingekochter Rhabarbersaft mit Zucker) in einer Schüssel glattrühren.
10 Blatt Gelatine	5 Minuten in kaltem Wasser einweichen. Die Gelatine ausdrücken und in einem warmen Topf schmelzen. 5 EL von der Joghurtmasse in die Gelatine rühren und dann die Gelatine in die restliche Joghurtmasse einrühren. Warten, bis die Masse anfängt zu gelieren.
	Das Rhabarbergitter mit dem Backpapier nach unten in die Terrinenform legen. Eine Schicht der Joghurtmasse einfüllen.
150g Erdbeeren	waschen und fein würfeln. Die Erdbeeren in einer Schüssel mit
2 EL Puderzucker	vermischen und 20 Minuten ziehen lassen.
1 Blatt Gelatine	5 Minuten in kaltem Wasser einweichen. Die Gelatine ausdrücken und in einem warmen Topf schmelzen. Etwas vom Saft, den die Erdbeeren gebildet haben, zur Gelatine geben und dann die Gelatine zu den Erdbeeren geben. Die Erdbeeren in die Terrinenform füllen und stocken lassen. Danach wieder eine Schicht Joghurtmasse daraufgeben.
1 Stange Rhabarber	in feine Scheiben schneiden.
2 EL Zucker	in einem Topf karamellisieren lassen. Den Rhabarber zugeben und mit
2 EL Rhabarbersirup	ablöschen. Etwas Wasser angießen, bis der Rhabarber knapp bedeckt ist.
1 Blatt Gelatine	5 Minuten in kaltem Wasser einweichen. Die Gelatine ausdrücken und zum Rhabarber geben. Dann sofort von der Hitze nehmen. Abkühlen lassen und als weitere Schicht in die Terrinenform füllen. Die Terrinenform restlich mit der Joghurtmasse füllen. Alles für einige Stunden kalt stellen.

Die Terrine stürzen und mit einem scharfen Messer aufschneiden.

Kuckucks Tipp: Die Gelatine stockt schneller, wenn die Terrine nach jeder Schicht kurz in den Kühlschrank gestellt wird.

Schleckermäulchen aufgepasst

Flädele mit Schoko-Nusscremefüllung

ca. 10-15 Stüc

	Flädele (Pfannkuchen)
100g Mehl	in eine Schüssel geben und mit
80ml Mineralwasser	und
80ml Milch	verrühren. 15 Minuten quellen lassen.
2 Eier	
1 Prise Salz	und
2 TL Zucker	zugeben und zu einem flüssigen Teig verrühren. In einer beschichteten Pfanne (Durchmesser ca. 20cm) etwas
Butter	erhitzen. Eine kleine Schöpfkelle Teig hineingeben und dünne Flädele backen. Dabei die Flädele einmal wenden.
	Schoko-Nusscreme
100g gesch. Mandeln	zusammen mit
100g gesch. Haselnüsse	und
1 EL Vanillezucker	in einem Mixer sehr fein und lange pürieren.
2 EL Erdnussöl	und
1 EL Kakao	zugeben.
1 Prise Salz	
2 EL Ahornsirup	(alternativ Honig) und
2 EL Zucker	zugeben und weiter mixen. Wichtig ist, dass die Masse sehr fein wird.
70g dunkle Kuvertüre	in einer Metallschüssel über einem warmen Wasserbad schmelzen. Schokolade zusammen mit
100ml Mandelmilch	(alternativ Kuhmilch) zur Masse geben und nochmal 2 Minuten durchmixen.

Die Flädele vierteln, mit der fertigen Schokonusscreme bestreichen und zu kleinen Tüten aufrollen.

Kuckucks Tipp: Wichtig ist, die Schoko-Nusscreme lange zu pürieren. Dabei immer wieder die Masse, welche am Rand des Mixers haftet, mit einer Gummilippe abstreifen. Die Schoko-Nusscreme kann auch ein paar Tage im Kühlschrank aufbewahrt werden und eignet sich prima als Brotaufstrich.

Narri Narro

Mini-Berliner

ca. 30-40 Stück

200ml Milch	in einen kleinen Topf geben und etwas erwärmen.
50g Butter	
40g Zucker	und
1 EL Vanillezucker	zugeben und darin auflösen. Die Milch abkühlen lassen bis sie lauwarm ist.
½ Würfel Hefe	darin auflösen und mit
100g Mehl	einen Vorteig herstellen. Diesen 20 Minuten an einem warmen Ort gehen lassen.
400g Mehl	in eine Schüssel geben und verquirlte
2 Eier	zugeben. Abrieb von einer
½ Bio-Zitrone	und
1 Prise Salz	untermischen und zusammen mit dem Vorteig zu einem festen Teig verkneten. Diesen abgedeckt an einem warmen Ort eine Stunde gehen lassen.

Den Teig auf einer bemehlten Arbeitsfläche 1cm dick ausrollen und mit einem runden Ausstecher mit einem Durchmesser von ca. 4cm ausstechen. Die so entstandenen Teiglinge weitere 30 Minuten gehen lassen.

Die Teiglinge dann im Topf oder Fritteuse im heißen
Frittierfett ausbacken, dabei einmal wenden. Mit dem Schaumlöffel herausnehmen und kurz auf Küchenkrepp entfetten. Einige der Berliner direkt mit Kristallzucker bestreuen. Die Berliner etwas auskühlen lassen und mit verschiedenen Füllungen mit einer Gebäckspritze füllen. Die Berliner, die nicht mit Zucker bestreut sind, mit verschiedenen Garnituren versehen.

Für die Füllung:
Traditionell werden die Berliner in Baden und Schwaben mit Hagebuttenmark gefüllt, aber es gibt noch viele andere leckere Füllungen:

Für die Füllung einen Vanillepudding (Rezept auf Seite 154) herstellen und diesen dann mit geschmolzener Schokolade, geschmolzenem Nougat, verschiedenen Früchten oder Eierlikör (Rezept auf Seite 174) vermischen und die Berliner ebenfalls mit einer Gebäckspritze füllen.
Ebenso können die Berliner auch mit verschiedenen Marmeladen gefüllt werden. Eine weitere leckere Variante ist Kirschmarmelade mit Kirschwasser verfeinert.

Für die Deko:
Die Berliner werden traditionell im Schwarzwald mit Zucker oder Puderzucker bestreut, aber es gibt noch andere Möglichkeiten.
Sie können mit geschmolzener heller oder dunkler Schokolade oder mit Zuckerglasur aus Puderzucker und Kirschsaft, verziert werden.
Zusätzlich können verschiedene Backdekorationen aus Zucker oder Schokolade zum Einsatz kommen.

Kuckucks Tipp: Als Gag zur Faschingszeit werden gerne auch mal einzelne Berliner mit Senf gefüllt und den Gästen oder Arbeitskollegen unter Vorwarnung serviert.

Ein Italiener im Schwarzwald

Schwarzwälder Kirsch-Tiramisu

`6-8` Kirsche

`ca. 5-6 Gläser`

Schokolöffelbiskuits (Grundrezept)

3 Eiweiß	steif schlagen und
60g Zucker	dabei langsam einrieseln lassen.
40g Speisestärke	auf den Eischnee sieben und vorsichtig unterheben.
4 Eigelb	mit
20g Zucker	schaumig schlagen und ebenfalls vorsichtig unter den Eischnee heben.
40g Mehl	mit
10g Kakao	mischen, auf den Eischnee sieben und vorsichtig unterheben.
	Die Masse in einen Spritzbeutel füllen und mit einer mittleren Lochtülle etwa 8cm lange Stränge nebeneinander auf ein Backpapier spritzen. Bevor die Löffelbiskuits in den Ofen kommen, diese mit etwas
Puderzucker	bestreuen und bei 170 Grad ca. 10 Minuten im Ofen backen. Auf einem Kuchengitter auskühlen lassen.

Schwarzwälder Kirsch-Tiramisu

1 Glas Schattenmorellen	(Sauerkirschen) abtropfen lassen und den Saft in einem Topf auffangen.
30g Speisestärke	mit einer kleinen Menge des Saftes glattrühren. Restlichen Saft aufkochen,
2 EL Zucker	und
1 Zimtstange	zugeben. Leicht einreduzieren lassen. Die angerührte Speisestärke und die Kirschen zugeben und kurz einmal aufkochen lassen. Die Kirschen in einer dünnen Schicht in kleine Gläser füllen und erkalten lassen.
500g Sahnequark	mit
1 EL Vanillezucker	und
3 EL Honig	glattrühren.
300ml Sahne	steif schlagen,
4 EL Puderzucker	dabei einrieseln lassen und die Sahne vorsichtig unter den Quark heben.
10cl Kirschwasser	und
10cl Kirschlikör	in eine kleine Schüssel geben. Die Löffelbiskuits kurz darin tränken und eine Schicht in die Gläser auf die abgekühlte Kirschmasse geben. Die Quarkcreme in einen Spritzbeutel füllen und ebenfalls eine Schicht in die Gläser geben. Erneut eine Schicht getränkte Biskuits und zum Abschluss die Gläser mit Quarkcreme verzieren.
dunkle Schokolade	darüberraspeln und die Gläser mit frischen
Kirschen	garnieren.

Kuckucks Tipp: Wer helle Löffelbiskuits herstellen will, der kann den Kakao weglassen, jedoch sollte man dann die Mehlmenge um 10g erhöhen.

Mit einem weinenden und einem lachenden Auge

Süßer badischer Zwiebelkuchen

`1 Blech`

7-10
Zwiebel

	Für den Teig:
300g Mehl	in eine Schüssel geben.
80g Butter	(zimmerwarm)
2 EL Zucker	und
1 Prise Salz	zugeben.
20g Hefe	in lauwarmem
120ml Wasser	auflösen und alles zu einem geschmeidigen Hefeteig verarbeiten. Den Hefeteig ca. 30 Minuten gehen lassen.
	Für die Masse:
1kg Gemüsezwiebeln	schälen, vierteln und in etwa 3mm dicke Scheiben schneiden. Die Zwiebeln in
1l Milch	und
100g Zucker	20 Minuten bei mäßiger Hitze kochen lassen. Die Zwiebeln in ein Sieb geben und unter fließendem Wasser abspülen.
100g Butter	zusammen mit
100g Zucker	in einen Topf geben und erhitzen bis der Zucker etwas karamellisiert.
6 EL Mehl	zügig unterrühren und die Zwiebeln zugeben. Kurz durchschwenken und vom Herd nehmen.
300g Schmand	
4 Eier	
50g Honig	
2 EL Vanillezucker	
100g Rosinen	
1 TL Zimt	und
1 Msp. Muskatnuss	zugeben und alles zu einer glatten Masse verrühren.

Ein tiefes Backblech ausfetten und den Boden und die Wände mit Hefeteig auskleiden. Die Zwiebelmasse einfüllen und im Backofen bei 180 Grad ca. 40-45 Minuten backen.

Den Zwiebelkuchen aus der Form nehmen und in kleine Mini-Stücke aufschneiden.

Der „Süße badische Zwiebelkuchen" kann lauwarm oder kalt gegessen werden.

Kuckucks Tipp: Für weniger Tränen beim Zwiebelschneiden, sollten die Zwiebeln vorher etwa eine Stunde in den Kühlschrank gelegt werden.

Gelbe Frucht, auf die es sich zu warten lohnt

Quitten-Creme-Küchlein und Quittengelee

ca. 8 Stück

KUCK ins WEB

9–11

Quitte

Quitten-Creme-Küchlein

Für die Orangen/Mandelteig-Schälchen:

40g Orangeat	in einem Mixer zerkleinern, oder mit einem Messer fein hacken. Zusammen mit
40g gehackte Mandeln	
200g Mehl	
100g Butter	(kalt)
1 Ei	und
1 Prise Salz	einen Mürbeteig herstellen. Diesen in Frischhaltefolie einwickeln und eine Stunde kalt stellen.

Kleine Backformen ausfetten und Böden und Wände dünn mit dem Teig auskleiden. Etwas Backpapier zuschneiden, hineinlegen und mit

getrocknete Hülsenfrüchte — zum Blindbacken füllen. Im Backofen bei 160 Grad ca. 15-20 Minuten backen.

Für die Creme:

350ml Milch	mit dem Abrieb von einer
½ Bio-Zitrone	und
5 EL Quittengelee	(siehe unten) in einen Topf geben und aufkochen lassen bis sich das Gelee aufgelöst hat.
4 Eigelb	mit
1 EL Zucker	schaumig aufschlagen.
20g Speisestärke	in 2 EL Milch klümpchenfrei auflösen. Beides in die lauwarme Milch geben und unter Rühren erhitzen bis die Masse cremig ist (nicht kochen lassen). Die Masse in die ausgekühlten Teigschälchen einfüllen und für 1-2 Stunden in den Kühlschrank geben.

Auf die fertigen Küchlein einen Klecks geschlagene

Sahne — geben und mit einem Tupfer Quittengelee garnieren.

Quittengelee

2kg Quitten	mit einem Küchentuch den Flaum der Früchte abreiben. Früchte vierteln und das Kerngehäuse herausschneiden. Die Stücke direkt in einen großen Topf mit
1l Wasser	und dem Saft einer
1 Zitrone	geben.
1 Zimtstange	zugeben und ca. eine Stunde kochen lassen.

Ein Sieb in eine Schüssel hängen und mit einem Mull- oder Passiertuch auslegen. Die Quittenmasse einfüllen und für 1-2 Stunden im Kühlschrank abtropfen lassen.

Den so aufgefangenen Saft mit

400g Gelierzucker 2:1 — 2-3 Minuten aufkochen lassen. Direkt in sterilisierte Einmachgläser füllen, verschließen und auf dem Kopf stehend auskühlen lassen.

Kuckucks Tipp: Die Anhänger für die Gläser können auf unserer Internetseite heruntergeladen werden: **www.schwarzwaelder-minis.de**

Mitbringsel aus dem Schwarzwald

Kuckuckshäuschen

ca. 8 Stück

Lebkuchenteig (Grundrezept)

200g Zucker	mit
200g Honig	und
75g Butter	in einen Topf geben und schmelzen (nicht zu heiß werden lassen).
500g Mehl	in eine Schüssel geben,
25g Kakao	
2 Eier	
¼ TL Salz	sowie Abrieb von jeweils
½ Bio-Zitrone	und
½ Bio-Orange	zugeben.
2 EL Lebkuchengewürz	(siehe unten) zugeben und alles gründlich vermengen.
1 TL Pottasche	in
30ml Wasser	auflösen und zusammen mit der wieder etwas abgekühlten Zucker/Honigmischung in die Schüssel geben. Alles zu einem geschmeidigen Teig verarbeiten. Diesen vor der weiteren Verarbeitung 2 Tage im Kühlschrank ruhen lassen.

Den Teig nochmals durchkneten und etwa 4mm dick auf einer bemehlten Arbeitsfläche ausrollen. Die einzelnen Teile für die Kuckuckshäuschen zuschneiden. Einen genauen Bauplan und Schnittmuster finden Sie auf unserer Internetseite **www.schwarzwaelder-minis.de** zum Download.

1 Eiweiß	steif schlagen und dabei
250g Puderzucker	langsam einrieseln lassen. Die so entstandene Zuckerglasur in einen Spritzbeutel füllen und damit die Einzelteile des Hauses miteinander verkleben. Ebenso kann man mit der Zuckerglasur die Kuckuckshäuschen nach Herzenslust verzieren. Als Deko eignen sich Mandeln, Orangeat, Zitronat, Schokoladendeko oder verschiedene Nüsse und Trockenfrüchte.

Nach dem Rezept kann auch das große Kuckuckshaus auf Seite 24 hergestellt werden. Tipps und Vorlage dazu ebenfalls als Download unter **www.schwarzwaelder-minis.de**

Lebkuchengewürz (Grundrezept)

1 TL gem. Ingwer	(oder ganz)
1 TL gem. Nelke	(oder ganz)
½ TL gem. Koriander	(oder ganz)
1 TL gem. Kardamom	(oder ganz)
½ TL gem. Piment	
¼ TL gem. Muskat	
¼ TL gem. Anis	miteinander mischen. Alternativ können ganze Gewürze frisch in einem Mörser vermahlen werden.

Kuckucks Tipp: Die Kuckuckshäuschen sind wunderschöne Gastgeschenke. Sie können beispielsweise mit Hife von Zuckerguss mit dem Namen Ihrer Gäste beschriftet werden.

Schwarzwälder süße Minis

alle auf einen Blick

Register

A

Adam's Apfeltraum mit Graupen	50
Apfel-Flammkuchen	34
Apfelküchle mit Calvadossoße	66
Apfelmus	54
Apfelringe getrocknet	178
Apfeltäschle	54
Apfeltraum	50
Aprikosenknödel	114
Arme Rittertürmchen	146
Armer Schwarzwaldbauer	124

B

Baden-Badener Rehrücken	72
Badisch-Schwäbisches Schneckenrennen	82
Badisch/Schwäbische Scherzkekse	176
Badische Mohnschnecken	82
Badische Quarkbällchen-Schneemänner	208
Badischer Zwiebelkuchen	230
Baiser	58
Baiserhaube	220
Baisermasse	58
Baumblätter	144
Baumkuchen gerollt / geschichtet	192
Beerenburger	128
Beerengrütze	84
Berliner Mini	226
Beschwipste Birne im Biskuitbett	116
Beschwipste Häschen	202
Beschwipster Marmorkuchen	156
Betrunkener Kirsch-Michel	106
Bienenstich am Stiel	70
Bierschaum-Mousse	76
Bierteig	32, 66, 214
Birne beschwipst	116
Birnen-Flammkuchen	34
Birnen-Ragout	100
Biskuit Schoko	86, 188
Biskuit-Erdbeerrolle	172
Biskuitböden	116
Biskuitterrine Stachelbeere	86
Black Forest-Schokoriegel	60
Black Forest Schokomuffins mit Schuss	68
Black Forest Cake - to go	168
Blätter Deko	144
Blätterteig mit Zwetschge	212
Blaubeer-Waffelschnitte	28
Blaubeerküchlein	28
Blaukraut Orange	190
Blutwurst süß	78
Brandteig	200
Bratapfel im Schlafrock	122
Bratapfel in Schichten	122
Bratapfel mit Baiser	122
Bratapfeltraum	122
Brezel süß	218
Brioche	78
Brombeereis	138
Bubenspitzle süß	100
Bühler Zwetschgenknödel	74
Bühler Zwetschgenlasagne	148
Burger	128
Burgerbrötchen süß	128
Burgundercreme	184
Butter-Karamell	60
Butterbrezel süß	218
Buttercreme	92, 218
Butterkeks	38
Buttermilchmousse	180

C

Cake Pops von der Donau	92
Calvadossoße	66
Cantuccini Walnuss	204
Christstollen geeist	36
Crème Caramel mit Malzbier	186
Creme Blaubeer	28
Crème brûlée mit Eierlikör	152
Creme Burgunder	184
Creme Heidelbeer	28
Creme Kirsch	40
Creme Nuss Schoko	224
Creme Pudding	70
Creme Weißwein	46, 116
Cupcakes Kürbis Karotten	112

D

Dampfnudeln mit Weincremefüllung	46
Das Kuckucks-Ei	140
Donauwellen-Praline	92
Doppelte Herzen	134
Dunkle Macarons	40

E

Ei vom Kuckuck	140
Eierlikör	174
Eierlikör-Crème brûlée	152
Eierlikör-Rührkuchen	140
Ein Tag auf dem Jahrmarkt	166
Eis Erdbeer	32
Eis am Stiel	138
Eis Brombeer / Himbeer	138
Eis mit Kaffee	132
Eis Schoko	98
Eis Vanille	104
Eis-Konfekt	150
Eiscreme-Schnitte Schoko	98
Erdbeer-Biskuitröllchen	172
Erdbeer-Ragout	96
Erdbeer-Rhabarberterrine	222
Erdbeereis	32
Erdbeeren flambiert	126
Erdbeerpüree	48
Erdbeersoße	110
Espuma Kirsch	62

F

Fasnachts-Berliner	226
Fasnachtsküchle	42
Flachswickel	82
Flädele	220, 224
Flädele Milchreis	126
Flädele-Torte mit Johannisbeeren und Baiserhaube	220
Flädele mit Schoko-Nusscremefüllung	224
Flambierte Erdbeeren	126
Flammkuchen Minis	34
Fred mit dem Erdbeermund	44
Frischkäse-Topping	112
Fruchtspieße Pfitzauf	196

G

Ganache Schoko	162, 192
Gebrannte Mandeln	166
Geeister Christstollen	36
Geeiste Zwetschgensuppe	26
Gerdas Schoko-Himbeerkekse	30
Geschichtetes Hefeküchlein	80
Getrocknete Apfelringe	178
Getrocknete Kirschen	178
Gewürz-Rhabarber	180
Glückskekse	176
Gratin Waldbeeren und Pfifferlinge	198
Gratinmasse	198
Graupen in Apfelsaft	50
Griesflammerie mit karamellisierten Pfirsichen	182
Grünkernkuchen im Blumentopf	64
Grütze	84

H

Häschen beschwipst	202
Hagebuttenmarmelade	124
Hefe-Nougat-Mäuse	118
Hefeküchlein geschichtet	80
Hefekugeln	70
Hefemäuse Nougat	118
Hefeschnecken	82
Hefeteig	82, 114
Heidelbeerküchlein	28
Heidelbeer-Waffelschnitte	28
Heiße Himbeeren	152
Helle Macarons	40
Herrgottsbscheiserle	84
Herzen rot	134
Himbeereis	138
Himbeer-Schokokekse	30
Himbeeren heiß	152
Holunder-Zitronentörtchen	164
Holunderküchle im Bierteig	32
Honig-Ingwersoße	160

Register

Honig-Nuss-Rührkuchen 94
Honig-Nusswaffeln 52

I

Ingwer-Honigsoße 160

J

Johannisbeer-Flädele-Torte 220
Johannisbeer-Mohntörtchen 90
Johannisbeer-Stachelbeer-Kompott 56

K

Kaffeeeis mit Schokostücken 132
Kaffeepraline 150
Kalte Bühler Zwetschgenlasagne 148
Kalte Zwetschgensuppe 26
Kalter Hund 38
Karamell-Kirsch-Likör 206
Karamell-Kirsch-Dessert 206
Karotten-Kürbis-Schnitte 112
Karamellcreme 186
Karamellisierte Pfirsiche 182
Karamellzucker 152
Käse- und Wein-Küchlein 136
Käsespätzle 110
Käsewürfelchen 118
Kastanien-Walnuss-Mousse 144
Kirsch-Karamell-Dessert 206
Kirsch-Karamell-Likör 206
Kirsch-Macarons 40
Kirsch-Michel 106
Kirsch-Sahne-Likör 202
Kirsch-Tiramisu 228
Kirschcreme 40
Kirschen getrocknet 178
Kirschespuma-Nudeln 62
Kirschlollis 188
Kirschmousse 210
Kirschpraline 214
Kirschtäschle 54

Kirschtorte 120
Kirschwasser-Walnuss-Cantuccini 204
Knödel Aprikose 114
Knödel Zwetschge 74
Kompott Stachelbeer-Johannisbeer 56
Kratzete-Spieße 56
Krokant Segel 144
Kuchen Eierlikör 140
Kuchen Grünkern 64
Kuchen Honig Nuss 94
Kuchen im Blumentopf 64
Kuchen im Glas 194
Kuchen Kürbis Karotte 112
Kuchen Marmor 156
Kuchen Rehrücken 72
Kuchen Rotwein 156
Kuchen Schoko 140
Kuchen Schwarzbier 76
Kuchen Weißwein 156
Kuchen Zwetschge 114
Kuchen Zwiebel 230
Kuckucks-Ei 140
Kuckuckshäuschen 234
Kuckuckskuchen im Glas 194
Kühles Pralinenquintett 150
Kürbis-Karotten Cupcakes 112
Kürbis-Karotten-Schnitten 112
Kürbismarmelade 142

L

Lammrücken mit Nusskruste 202
Lasagne Zwetschge 148
Laugenbrezel süß 218
Lebkuchengewürz 234
Lebkuchenparfait 190
Lebkuchenteig 234
Leichte Spargel-Panna Cotta mit Erdbeer-Ragout 96
Likör Kirsch-Karamell 206
Likör Sahne-Kirsch 202
Linzer-Röschen 88
Löffelbiskuit Schoko 228
Lollis Schwarzwälder Kirsch 188

M

Macarons	40
Mäuse Hefe	118
Magenbrot	166
Malzbier Crème Caramel	186
Mandelcrunch	216
Mandelsegel	70
Marmelade Hagebutte	124
Marmelade Kürbis	142
Marmelade Mirabelle Safran	78
Marmelade Zwetschge	170
Marmorkuchen beschwipst	156
Maultaschen süß	84
Maulwurfshügelchen	154
Meringen	78
Milchreis mit Kürbismarmelade	142
Millefeuille vom Milchreisflädele	126
Mini-Berliner	226
Mini-Kürbis-Karotten Cupcakes mit Ingwer	112
Mini-Weihnachtsbaum	158
Mirabellen-Safran-Marmelade	78
Mirabellen-Schokotartelettes	162
Mohn-Schupfnudeln	100
Mohnschnecken	82
Mohntörtchen	90
Mohrenkopf Schwarzwald	52
Mousse Quark	26
Mousse Bierschaum	76
Mousse Buttermilch	180
Mousse Kastanien Walnuss	144
Mousse Kirsche	210
Mousse weiße Schokolade	174
Mürbeteig	136
Mürbeteig Schoko	162
Müsliriegel – Apfel/Kirsch	178
Muffins Rhabarber	58
Muffins Schoko	68

N

Nonnenfürzle	200
Nudelnest	62
Nudelteig	84
Nuss-Honigkuchen	94
Nuss-Honigwaffeln	52
Nuss-Nougatpraline	150
Nuss-Schokocreme	224
Nussschnecke	82
Nussschnitte	130

O

Obstsalat mit Schwarzwälder Gin und Gurke	216
Orange-Frischkäse-Topping	112
Orangenblaukraut	190
Ortenauer Weinstrudel	184
Osterhäschen beschwipst	202
Osterlamm	202

P

Panna Cotta Spargel	96
Parfait Christstollen	36
Parfait Lebkuchen	190
Pfannkuchen aus Milchreis	126
Pfannkuchen mit Schoko-Nusscreme-Füllung	224
Pfifferling-Pfirsich-Gratin	198
Pfirsich karamellisiert	182
Pfirsichcreme im Nudelnest	62
Pfitzauf-Fruchtspieße	196
Polenta mit Zitrone	26
Popcorn	166
Praline Donauwelle	92
Praline Kirsch	214
Pralinen Quintett	150
Pudding Schokolade	44
Pudding Vanille	154
Puddingcreme	70

Q

Quark-Öl-Teig	54
Quarkbällchen	208
Quarkmousse	26
Quarksoufflé mit Bühler Zwetschge	170
Quarkspätzle	110
Quitten-Creme-Küchlein	232

Register

Quittengelee 232

R

Ragout Birne 100
Ragout Erdbeere 96
Rahmkäsefüllung 84
Rehrücken Baden-Baden 72
Riegel Müsli 178
Riegel Schoko 60
Rhabarber-Baiser-Muffins 58
Rhabarber-Erdbeer-Terrine 222
Rhabarber eingelegt 180
Rote Grütze 84
Rotkohl süß 190
Rotweincreme 184
Rotweinkuchen 156
Rumtopf 36

S

Safran Mirabellenmarmelade 78
Sahne-Kirsch 202
Scheiterhaufen mit Baiserhäubchen 160
Scherbenhaufen 42
Scherzkekse 176
Schichtpraline mit Schuss 150
Schnapsgläschen-Eis am Stil 138
Schneckenrennen 82
Schneeballen 102
Schneeballschlacht 102
Schneegestöber 102
Schneemänner 208
Schoko-Eiscreme-Schnitte 98
Schoko-Ganache 162, 192
Schoko-Himbeerkekse 30
Schoko-Nusscreme 224
Schoko-Rührkuchen 140
Schoko-Scherben 42
Schoko-Zäpfle 94
Schokobiskuit 86, 188
Schokoeis 98
Schokokekse 30

Schokokuss Schwarzwald 52
Schokoladensoße 104
Schokolöffelbiskuits 228
Schokomousse weiß 174
Schokomürbeteig 162
Schokomuffins 68
Schokopudding 44
Schokoriegel 60
Schokosahne 132
Schokostreusel 62
Schokotartelette 162
Schupfnudeln süß 100
Schwäbisch-Badische Scherzkekse 176
Schwäbisch-Badisches Schneckenrennen 82
Schwäbische Kratzete-Spieße 56
Schwäbische Maultaschen 84
Schwäbische Nussschnecke 82
Schwäbisches Nonnenfürzle 200
Schwarz/Weiß-Scherben 42
Schwarzbierschnittchen mit Bierschaum-Mousse 76
Schwarzwälder Eierlikör 174
Schwarzwälder Kirsch-Macarons 40
Schwarzwälder Kirsch-Tiramisu 228
Schwarzwälder Kirschlollis 188
Schwarzwälder Kirschtorte 120
Schwarzwälder Küsse 52
Schwarzwälder Schoko-Zäpfle 94
Schwarzwälder Windbeutel 200
Schwarzwaldbauer 124
Schwarzwurst süß 78
Sirup Waldmeister 48
Sorbet Waldmeister 48
Soße Calvados 66
Soße Erdbeere 110
Soße Honig Ingwer 160
Soße Schokolade 104
Soße Vanille 102
Soße Vanille vegan 124
Soufflé Quark 170
Spätzle süß 110
Spargel-Panna Cotta 96
Spargelcreme 32
Spieße Bienenstich 70

Spieße mit Kratzete	56
Spieße Pfitzauf	196
Stachel-Johannisbeerkompott	56
Stachelbeer-Biskuitterrine	86
Streusel	114
Strübli süß	210
Strudelteig	184
Süße Bubenspitzle mit Mohn	100
Süße Butterbrezel	218
Süße Flammkuchen-Minis	34
Süße Laugenbrezel	218
Süße Maultaschen mit Rahmkäsefüllung	84
Süße Quark-Spätzle	110
Süßer badischer Zwiebelkuchen	230
Süßer Beerenburger	128
Süße schwäbische Käsespätzle mit Erdbeersoße	110
Süße schwäbische Maultaschen	84
Süße Schwarzwurst	78
Süße Strübli	210
Süßes Vesper	78

T

Tannenzapfen Schoko	94
Tartelette Schoko Mirabelle	162
Terrine Erdbeer-Rhabarber	222
Terrine Stachelbeere	86
Tiramisu Schwarzwälder Kirsch	228
Topping Orange Frischkäse	112
Torte Kirsch	120
Tortenboden	116

U

Ü-Ei für Erwachsene	174

V

Vanilleeis	104
Vanilleeis im Schlafrock	104
Vanillepudding	154
Vanillesoße	102
Vanillesoße vegan	124
Vegane Nusscreme	224
Vegane Nussschnitte	130
Vegane Vanillesoße	124
Vegane Zwetschgenufos	212
Vesper süß	78

W

Waffeln Nuss-Honig	52
Waffelteig	28
Waffelschnitte Blaubeer	28
Waldbeeren-Gratin	198
Waldgeister	108
Waldmeister-Sorbet auf Erdbeerpüree	48
Waldmeistersirup	48
Walnuss-Kastanien Mousse	144
Walnuss-Kirschwasser-Cantuccini	204
Walnusskrokantsegel	144
Weihnachtsbaum	158
Wein-Käseküchlein	136
Weincreme	46
Weinstrudel	184
Weiße Kaffeepraline	150
Weiße Schokomousse	174
Weißes Kaffeeeis mit Schokostückchen	132
Weißweincreme	116
Weißweinkuchen	156
Wibele	108
Windbeutel	200

Z

Zäpfle Schoko	94
Zitronen-Holunder-Törtchen	164
Zitronenpolenta	26
Zwetschgen-Ufos	212
Zwetschgendatschi	114
Zwetschgenknödel	74
Zwetschgenkuchen	114
Zwetschgenlasagne	148
Zwetschgenmarmelade mit Schuss	170
Zwetschgensuppe geeist	26
Zwiebelkuchen süß	230

Es ist soweit. Nach gefühlten 500 Eiern, 100 Liter Sahne und zwei Zentner Butter sind alle Rezepte auf dem Papier, erprobt und verkostet. Das heißt für uns: Erst einmal die Pfunde wieder los werden. Auf geht's zum nächsten Trimm-Dich-Pfad bei uns im Schwarzwald.

Wir verabschieden uns, bis zum nächsten Mal

Verena, Manuel
und der kleine Kuckuck

Verena Scheidel & Manuel Wassmer

Schwarzwälder Tapas

Das Kochbuch

Ihr erstes Kochbuch „Schwarzwälder Tapas" ist eine Hommage an die traditionelle Küche ihrer Heimat. Verena Scheidel und Manuel Wassmer haben kleine herzhafte Köstlichkeiten rund um den Schwarzwald kreiert, die Tapas sind die ideale Ergänzung zu den süßen Minis. Auf 248 Seiten finden Sie fantasievolle Kreationen, wie beispielsweise „Hausmacher Wurstpraline", „Schwarzwälder Kirschtorte pikant" oder „Gelbfüßler trifft Schwabensäckle". Beide Bücher sind zusammen ein unschlagbares Duo der Heimatküche. So bringen Sie den Schwarzwald in seiner ganzen Vielfalt kreativ auf den Teller.

Über 130 Rezepte, die zum Nachkochen animieren. Laden Sie Ihre Gäste doch einmal zu einem Schwarzwälder Genussabend mit Tapas und süßen Minis ein. Eine Einladungskarte zum Ausdrucken finden Sie auf unserer Internetseite: www.schwarzwaelder-minis.de